ちくま文庫

太陽にほえろ！伝説

岡田晋吉

筑摩書房

スーパースター石原裕次郎が演じたボスは、優しさと厳しさで頼れる上司、父親の理想像を体現した。

第111話『ジーパン・シンコその愛と死』。まだ汚れていない衣装と表情から撮影前の緊張感が感じられる。

太陽にほえろ！伝説

石原裕次郎
萩原健一
松田優作
沖　雅也
そして
小川　英
竹林　進
の霊に捧げる

はじめに

『太陽にほえろ！』の放送が終わり三十年が経っている今、拙著を文庫として復活して下さる筑摩書房の永田士郎編集長、吉崎宏人様に感謝致します。こういうことが起こるとは思いもよらなかったので、長生きをした甲斐があったと感謝です。

今回の作業の中で読み返してみると、高視聴率が取れたお陰で随分勝手なことをしたものだと呆れます。「私が選んだベスト・エピソード100」を読んで頂ければおわかりと思いますが、「社会還元シリーズ」と称して老人問題、子供の躾の問題、いじめの問題などを「太陽流解決方法」でドラマ化しています。全く違う原作を「太陽」に当て嵌め構成したことも、実際の事件を七曲署の推理で解決した話も作りました。ついには画面上で犬が笑っています。こんなことが出来たのは、テレビがまだ発展途上の時期だったことと、私がまだ若かったからだと思います。「太陽チーム」全体が物凄いエネルギーで番組と向き合っていたことも感じられます。若い若いと思っていた私ももはやこのようなエネルギーで番組を作ることは出来ないでしょう。ただ、これからテレビドラマに挑戦する若い方々には何かのヒントになるかも知れません。また、『太陽にほえろ！』を若い時に見て頂いた方々にも、それぞれの〝青春〟を思い起こし、今の毎日に挑戦して頂くきっかけにしていただければ幸いです。

最後に、この拙著の文庫化に際し、日本テレビの将口真明氏、初版の時と同じように編集に協力してくれた高島幹雄氏に感謝します。

尚、この本に登場していただく方々のお名前に関して、慣例に従って敬称を省かせていただいたことをご了承いただきたいと思います。

岡田晋吉

二〇一九年九月九日

目次

第二章　愛すべきわれらがボス——47

第七章　岡田流ドラマ作りのポリシー――

第八章　『太陽』を陰で支えた立役者たち

私が出会った最高の脚本家
脚本の魔術師、小川英
深夜の討論
セリフなきセリフ
小川英の最高傑作
虚構と現実の狭間で
よき先輩・小川英
天国の小川英へ
早撮りの名人、竹林進監督
戦友
永遠のスタンダードナンバー
新人監督育ての親
番組のファンは宝

プロローグ

昭和四八年、新宿蝎座にて

その瞬間、真っ暗闇の場内にもの凄い悲鳴が一斉に上がり、銀幕からの声は若い女性たちの嗚咽にかき消された。

『太陽にほえろ！』の放送開始から一年、第五二話『13日金曜日マカロニ死す』のマカロニ刑事の殉職の瞬間が、その放映前にもかかわらず、今まさに、観客の目前で上映されているのだ。

昭和四八（一九七三）年七月九日、今はない伝説の映画館、新宿文化地下の蝎座で行われた、マカロニ刑事の葬式イベントと称した試写会『早見淳を悼む夕べ』での情景である。

番組の中心人物で、人気絶頂のマカロニ刑事が番組を去るというので、番組関係者はみな、視聴率の行方を危惧した。だが、「マカロニ殉職編」が予想通りの高視聴率を記録したのは当然としても、次の週に放送した第五三話『ジーパン刑事登場！』が前回を上回る高視聴率を獲得したのである。そればかりか、ジーパン刑事に扮した、当時はまだ無名の新人にすぎなかった松田優作をも一夜にしてスターの座につかせてしまった。われわれは有頂天になり、そしてほっと胸をなでおろした。

この殉職劇は、『太陽にほえろ！』の企画・制作を担当していたわれわれの期待をはるかに上回る大成功だった。その上、この成功のおかげでその後、有能な新人を次々と世に送りだすこともできた。まさに「妙案」であった。

人気番組シリーズの終了後に、同じ種類の番組を再び無名の新人を主役にして始めるというこの試みは、実はこの『太陽にほえろ！』が初めてではなかった。

映画界vsテレビ界

昭和四一（一九六六）年夏、私は辞表を懐にある決意をかためていた。『太陽にほえろ！』に先立つこと、六年前。『これが青春だ（※1）』という青春学園ドラマの撮影がいよいよ始まるという時のことである。

そもそも、『これが青春だ』は、前作『青春とはなんだ（※2）』で主役を演じた夏木陽介のために企画したものだった。しかし、クランクインの一ヶ月ほど前になって突然、夏木を抱えていた東宝から「夏木に映画の話がきたのでテレビには出演させない」と一方的な通告があった。

クランクインがこんなに差し迫った段階で、主役が出演できなくなるということは、ルール違反もはなはだしく、まさに前代未聞の出来事だった。

この事件は、明らかに当時の映画界の横暴さを示したもので、今ではあまり考えられないことではある。だが、その頃のテレビと映画の力関係とは、まさにそんなものだったのだ。

クランクインが一ヶ月後に迫っていては、今さら企画を変更することなどできない。代役を立てようにも、ゴールデンのど真ん中（日曜八時）の番組の主役を務められるような大スターのスケジュールが空いているわけがない。このままではゴールデンに穴が開いてしまう！

この番組を担当していた私は、一か八かで全くの新人を主役に抜擢して対処しようと考えた。

まさに辞表を懐に入れての決意だった。

もっとも、私には「長谷川龍男」という隠し玉があったので、そんな冒険に打って出ることができたのだ。それにしても、今にして思えば実に冷や汗ものである。

長谷川龍男なる青年

この「長谷川龍男」という人物は、『新・新三等重役』というドラマで、バスの運転手役でひと言だけセリフを喋った青年だった。その青年はなぜか私に強い印象を残した。

早速、この青年を呼び、経歴などを尋ねてみると、芝居の勉強にアメリカへ渡り、武者修行の後に日本へ帰って来たばかりの変わり種であった。まるで、今回の企画『これが青春だ』の主人公そのもののような経歴である。もう迷うことなく、この男と心中しようと思った。そして、この男に「竜雷太」という芸名をつけた。

この番組は非常に嬉しいことに、前番組の『青春とはなんだ』を上回る大成功を収め、竜雷太を一挙にスターの座につかせた上、宿敵・映画界をアッと言わせることができた。

この事件で、私はテレビの本当の強さを知ったし、「主役は新人でも、その人に素質さえあれば充分視聴率を稼げるドラマを作ることができる」ということを学んだ。ズブの新人の主役でドラマを作るなどということは、当時にあっては全く考えられないことだった。そういう意味では、実に貴重な経験をさせてもらったのである。

松田優作も、勝野洋、宮内淳も、この竜雷太の成功があってこそ生まれたものだ。

そして、この竜雷太という俳優の誕生譚は、『太陽にほえろ！』の企画をも生み出していたのである。

※1『これが青春だ』

昭和四十一（一九六六）年十一月から、日本テレビ系でオンエアされた『青春シリーズ』第二弾。型破り教師が、いわゆる劣等生達に青春の素晴らしさを伝えるというコンセプトは前作と全く同じで、以後、このコンセプトは最終作『われら青春！』まで伝統的に受け継がれていく。前作の夏木が、『太陽にほえろ！』のボス、石原のプロトタイプだとすれば、本作の竜雷太は、ジーパン、テキサスらの元祖といえる。竜は、この作品の大岩雷太役で、一夜にして無名の新人から大スターの座をつかんだ。当時のファンの熱狂ぶりは凄まじく、竜が撮影を終えて部屋に戻ると、見知らぬ女性が勝手に部屋に入って食事を作って待っていたという、まるでドラマのような逸話まで残っている。

※2『青春とはなんだ』

昭和四十（一九六五）年十月から、石原慎太郎原作で日本テレビ系でオンエアされた、青春学園ドラマの草分け的作品。アメリカ帰りの新米教師・野々村健介（夏木陽介）の型破りな教師像を描く。それまで、銀幕のスターだった夏木を、一躍、テレビでもスターにのし上げた。生徒役から岡田可愛、土田早苗、寺田農といった後のスターも輩出し、この時点で『太陽にほえろ！』のノウハウはすでに培われていた。この後、「日本テレビの日曜夜八時の青春もの」として世間的に認知され、『これが青春だ』

『でっかい青春』『進め！　青春』『飛び出せ！　青春』『われら青春！』とシリーズ化された。

第一章　「青春刑事ドラマ」の誕生

勝因はまさに企画にあり

テレビ番組を成功させる最大の要因はもちろん「企画」である。

しかし、それが判っていてもなかなか高視聴率番組が生まれてこないのは、良い企画を作ることがどんなに難しいかの証しである。

私の経験上、放送する時間帯もスポンサーも決まっていない状態で、長い期間をかけ、自由に発想した企画は当たるが、放送する時間帯が最初から設定されており、その制約の中で急遽作りあげた企画はなかなか成功しないものだ。良い企画は、一朝一夕には作りだせないのである。

日常生活の中でふとしたことから思いついたアイディアを何年もかけて醗酵させることで、初めて「良い企画」は生まれる。『太陽にほえろ!』もこの例に洩れず、時間帯もスポンサーも会社の要求も何もない時点で、志を一つにした有志が雑談を重ねながら作りあげた作品だった。

長期安定番組が欲しい

この企画の端緒は、放送の二年前の昭和四五（一九七〇）年にさかのぼる。

当時、日本テレビのライバルだったＴＢＳには、『キイハンター（※3）』『ザ・ガードマン（※4）』『時間ですよ（※5）』『ありがとう（※6）』などの長期安定ドラマが並び、これが日本テレビがＴＢＳにどうしてもかなわない原因となっていた。

そこで、私もＴＢＳが放送しているような長期安定番組を作りたいと思い、企画したのが『東京バイパス指令（※7）』という番組だった。しかし、この番組は主役の刑事が二人しかいなかったことと、特命刑事という特殊な刑事であったことが災いして、ストーリー作りや撮影スケジュールの面での困難を来たし、一年と三ヶ月しか続かなかった。私はこの時点から、「どうしたら五年以上続けることのできる長期安定番組が作れるか」を考えはじめた。

まず、ＴＢＳの『ザ・ガードマン』『キイハンター』を分析研究し、番組を長く続けるためにはこの二番組のような「集団アクションもの」が最適であると考えた。しかも、なるべくオーソドックスな設定にした方が、ストーリーにバラエティを富ませることができ、長続きさせることも可能だと判断した。

『東京バイパス指令』の欠点として、主役の俳優が二人しかいなかったこと。そのために二班編成による制作ができなかったこと、主人公が拳銃を携帯できなかったこと等が、番組の長期化への足を引っ張ってしまっていることもすでにわかっていた。

だから、次の企画では、きわめてオーソドックスな集団刑事ドラマを作ろうと思った。

ちょうど時代は七〇年安保（※8）が終わったばかりのころだったので、「警察」というものに若者達の人気が無くなってしまったためか、テレビの創世期から当たりジャンルのひとつであった「刑事もの」がわずか一本しかなくなってしまっていた。私は「これはまたとないチャンスだ！」と思った。警察の権威が地に落ちたとはいっても、若者が憎んでいるのは公安警察である。刑事事件の捜査を担当する刑事だけならば何とかなるのではないかと考えたのだ。

そんな経緯から、新しい企画は刑事の集団ドラマにすることとした。とはいえ、「刑事もの」は過去に何本も放送されており、よほど新しい試みを織り込まないと新鮮味がないのは明らかだった。その「試み」を何にするか？　これが最大の問題となった。

新しい刑事ドラマの誕生

ちょうどそのころ、『ブリット（※9）』というアメリカ映画が日本で公開されていた。この映画もいわゆる「刑事もの」だったが、それまでの日本の「刑事もの」とはひと味もふた味も違っていた。「新しい刑事ものを作るとしたら、これだ！」と私は直感した。

それまでの日本の「刑事もの」は、一見、刑事が主役を演じているように見えても、実質的には狂言回しの役しか演じておらず、実際のドラマは犯人、あるいは被害者の方にあった。しかし、外国の「刑事もの」では、刑事が文字通り主役を演じている。その刑事が、事件に参画して、何を感じ、何をしたかがドラマとして描かれているのだ。

アメリカではテレビ・ドラマの世界でも、『87分署（※10）』や、『バークにまかせろ（※11）』はちゃんと刑事のドラマになっている。犯罪者、証人など事件の核心にいる人々からドラマを描こうとすると、悪事や憎しみが画面に大きくクローズアップされてしまうが、刑事の側から描けば証人や被害者に対する優しさや、犯人に対する同情、愛を描くことができる。

映しだされる映像も、犯人中心にすると、倉庫街や廃墟の中のアジトなど、暗く汚れたものばかり見せることになるが、刑事の生活を中心にすれば、普通の会社のオフィスを思わせる刑事部屋や刑事の家庭といった視聴者にとって馴染みのある場所を舞台にすることができる。視聴者と多くの共通点を持つ刑事の行動や考え方なら、より素直に視聴者の共感を得ることができると考えたのだ。

刑事側からドラマを描くことで、こんなにも多くのメリットがあることに気がついた私は、早速、どういう性格を持った刑事たちを主人公に選ぶか、その作業に入った。

二つ目の「試み」は、この番組を「青春ドラマ」としてまとめることだった。私はそれまでに数多くの「青春もの」を制作してきたので、そのノウハウを徹底的に生かすことを考えた。

新しい企画では、表向きは「刑事もの」にするが、真の内容は「青春もの」として描こうと心に決めたのだ。

「青春もの」の典型的なスタイルの一つに「成長ドラマ」というのがある。若い主人公が、色々な経験を通して、一人前に育っていく過程を描くのである。一人の若い刑事を設定し、その人物の成長を縦軸として、シリーズを展開していくこととしたのだ。

「マカロニ刑事」のオリジン

刑事の成長を描くということはよいとして、では、その成長の中身をどうするか？

私の意見は、「警察学校出たての規則一辺倒の刑事が、周りのベテラン刑事に感化され、融通のきく一人前の刑事に育つ話にしたい」というものだった。

これを脚本家の小川英に相談すると、彼は「若者なんだから跳ねなければつまらない。若さにまかせて、自分の感情の赴くままデタラメをやってしまう刑事が、自分を抑えることのできる一人前の刑事に成長するまでの話にしたい」と主張した。

これは、小川の意見が正解だった。この小川の卓見で「マカロニ刑事」が生まれたのだ。

この「試み」は、『太陽にほえろ！』を全く新しい「刑事もの」に仕立て上げた。企画もここまでくれば、半分以上成功したようなものだ。成功する企画には必ずこのような新鮮な「試み」が必要なのだから。

死ぬのは嫌だ！

次に、企画のテーマを決めることにした。これも刑事の優しさ、愛を中心に描くことになると、当然のごとくテーマは「命の大切さ」でいこうということになった。主役の刑事をたくさん殺しておいておかしいではないかという反論があるかもしれないが、我々にしてみれば、刑事の殉職劇にこそ、このテーマを強く盛りこんだつもりなのである。

マカロニ刑事をはじめとして、ジーパンもボギーも「死ぬのは嫌だ！」と叫び、そしてみんな「誰かの命を守るため」に死んでいった。ゴリさんは言う。「相手を傷つけたくないために、俺は拳銃に弾を込めない」。あるいは後で詳しく説明するボスの最終回の取り調べ室でのセリフ（これはボスの創作だったが……）に、顕著にこのテーマを見ることができると思う。

それまでの刑事ものでは「犯罪を憎む刑事」が強調されていた。だが私は、『太陽にほえろ！』では「犯罪者に対しても優しさを持った刑事」を描いてみたいと思った。そんな刑事を描くことで、今までの「刑事もの」の暗さを払拭し、「人間愛」を訴えていくことができると考えたのである。

今にして思えば、『太陽にほえろ！』が十五年にも及ぶ長い間、視聴者に愛され、記録的な長寿番組に育つことができたのもこのテーマのおかげだと思う。

一つの約束と一つのタブー

番組の形が決まり、テーマが決まると我々はディティールに入っていった。『太陽にほえろ！』では、ここで二つのルールを決めた。

ひとつは「真昼のアクション」。もう一つは「ノン・セックス」である。

前者は、それまでのアクションものでは最後の犯人逮捕の場面がいつも夜で、倉庫街や飲み屋街など、一般の視聴者にとって馴染みのない場所で行われていたのに対し、この企画では真っ昼間、一般の人がいつも出入りしている日常的な生活の場で犯罪が行われ、犯人が逮捕されるようにした。

第一話『マカロニ刑事登場！』では後楽園球場（現在は東京ドームに建て替えられている）で犯人逮捕劇を撮影したが、この撮影場所がなかなか借りられず、撮影前日になって後楽園側を拝み倒してやっとやらせてもらったというありさまだった。

なにしろ犯人を捕まえる現場である。どこへ行っても、「ウチには犯罪者はいません」と断わられてしまうのだ。半年ほど経ち、番組が成功し、知名度が上がってからは、その場所探しもやっと楽になったが、新しい試みだけにシリーズの最初のころは、実に大変な仕事だったのである。

「ノン・セックス」についても、なまじこんな決めごとを作ってしまっただけに大変苦労したものだ。犯罪の大部分にはセックスが絡んでいるというし、セックスを排除したドラマはウソに見えるという声も正しいと思うが、私がこの番組を企画した時に最も心配したことは、番組を見た視聴者がマネをしたり、あるいは番組をヒントにして犯罪を犯してしまうことだった。

拳銃の犯罪などは、銃が手に入らなければできないが、セックスに関する犯罪は誰にでも簡単にマネができる。だから、どうしてもこのタブーだけは守り通したいと思った。

しかし、このタブーのために優秀なシナリオ作家や、監督が番組を去って行ったこともまた事実だ。この損失にははかり知れないものがあったが、とうとう七一八本、最後までこのタブーを守り通した。

このシリーズに限らず、「家族と一緒に見ることができないような番組は作ってはいけない」という主義を私は貫き通している。

「自分の子供には見せたくないが、一般の視聴者には見せても構わない」という制作者の理屈は通用しないはずだ。事実、長いスパンで考えるとセックスを売り物にした作品は長く続かない。『太陽にほえろ！』が、あれだけの高視聴率を獲得できたのも、家族全員が、安心して見ることができる番組だったからだと確信している。親が子供に「あの番組は見せても大丈夫だ」と思わせないと、テレビではなかなか視聴率が上がらないのである。

みんなの助けを借りて……

番組をどの時間帯で放送できるかも分からず、配役も何も決めていない段階で、これだけの内容を我々はすでに考えていた。

我々はこの企画を、昭和四七（一九七二）年の十月からスタートするつもりで準備していた。しかし、三月になると開局以来続いていた『プロレス』放送が急遽中止になり、後番組が必要となった。それまで、八時台の「刑事もの」は当たらないというジンクスがあったのだが、私はチャンス到来とばかり、この枠に今まで考えていた「刑事もの」を企画として提出することにした。「刑事もの」といっても、幸い私の企画には、「青春もの」の要素が多く入っていたので、八時台でも必ず当たると思ったのだ。

こうして、企画書は完成した。しかし、テレビの場合、どんなにいい企画書を作っても、それを理解し、応援してくれる人がいないと、単なる紙っきれである。企画を考えだすことはできるが、私にはそれを番組にするお金がないからだ。

ここから企画を考えだすのと同じくらいのエネルギーを使って、企画を会社に採りあげてもらう作業をしなければならない。特にこの『太陽にほえろ！』では、この作業が難航した。なにしろ、この枠は常時二十％を稼いでいた看板番組の枠だったし、三十二局の系列局に配信されている大番組枠だったので、少し大袈裟に言ってしまえば、社運を賭けての大作業だったのだ。

この枠にはもうひとつ、時代劇の企画が出ていた。しかも会社の幹部は、その時代劇の方にノッていた。これをひっくり返すわけだから、大仕事であった。

そんな折、スポンサーの三菱電機が、たまたま時代劇より現代劇を望んでいるというニュースを得た私は、芸能局の企画選択ルールを破っていきなりスポンサーのところに企画を持ち込んでしまった。

時の直属上司で、後に、系列会社であるバップの社長、会長を歴任された津田昭局長は、さぞ困られたことと思う。しかし、今でも感謝しているのだが、津田局長はこの二つの企画の善し悪しを冷静に判断し、上司にたてついてまで私の企画に軍配を挙げてくれた。

おまけに番組が失敗した時に、私が困った立場に追い込まれないようにと、最初の三十数話までプロデューサーの欄に私とともに名前を連ねてくれた。もし、私が当時の津田局長の立場だったら、こんな勇気があったかどうかはなはだ疑問だ。たとえ名前を出したとしても、きっと心配でいられずに、色々と内容に関して口も出したことと思う。しかし、津田局長はひとことも口を出さずに番組のシナリオ作りを私にまかせてくれた。

また、この時、私の味方をして『太陽にほえろ!』の企画を実現するために力を貸してくれた同僚、先輩の方々も大勢おられた。

私はある正式の会議で「制作会社からワイロをもらっている」とまで言われたのだが、「岡田はそんな奴ではない」と必死になって弁護してくれた友人がいたことも後で聞いた。

企画というものは、多くの人に助けられて、ようやく実現するものなのだ。

それにしても、私は良き理解者に恵まれて幸せだった。

私は、もしこの企画が失敗したら会社を辞めようと心に決めていた。私のそんな決意を肌で感じてくれたのが『太陽にほえろ！』のスタッフの面々だった。

だから『太陽にほえろ！』を始めた時の現場の雰囲気には異様なものがあった。そんなスタッフたちの熱意が『太陽にほえろ！』をあれだけのオバケ番組にしたのである。

私の三十数年のプロデューサー生活を振り返ってみると、大きな成功を収めた番組というものはみな、このような裏話が存在する。企画が難航すると、私自身も真剣になるし、周りのスタッフも実力以上の力を発揮してくれる。

それに引き換え、すんなりと企画が採用された時には失敗するケースが多かった。

私はあえて声を大にして言いたいのだが、もし「これは当たる！」と思える企画が出来た時には、たとえ上司に反対しても、寝業を使っても、その企画を通すことを考え、実行に移すことだ。

新しい制作体制の確立

『太陽にほえろ!』を、最低五年は続けられるようなシリーズにしたいと私は思っていた。だから、そのための手だてを打つことも大切な仕事だった。

テレビ映画の場合、一本の作品を作るためにふつうは脚本で半月、制作で十日はかかる。しかし、放送の方は一週間で必ず一本は消化していってしまう。二十六本くらいまでだったら、少し早めに作業を開始すればいいのだが、五年も続けるとなると体制そのものを根本的に考え直さなければならない。

我々は、まず机上でのプランをいろいろとたててみた。それによれば、脚本家は六人が同時に書き始めていないと追いつかない。しかし、六人もの脚本家が同時に書いていたら、シリーズの統一性といったものが守れなくなる。

また、制作体制の方もいくら頑張っても年間で四十本しか撮影することができない。しかし、放送の方は一年に五十二回あるわけだから、残りの十二本はもうひとつの撮影班(B班)を編成して、作っていかなければならない。ということは、年間、三ヶ月は同時に二つの班が撮影をしていることになる。

これは大変なことだ。だが、この二つの壁を乗り越えなければ、番組を長期にわたって放送することなど到底できない。そこで、このハードスケジュールをこなすために、二人の優秀なスタッフを迎えることにした。

ひとりは脚本家の小川英であり、もうひとりは竹林進監督だ。

小川はその当時、すでに何人も弟子の脚本家をもっていて「小川工房」のようなものを作っていたし、竹林監督は早撮りで有名だった。しかも、お二人ともとてもいい仕事をされていた。まさにこのお二人のおかげであんなにも長く番組を続けることができたのである。詳しくは第八章で述べよう。

酷評した批評家たち

やがて番組が始まるや、批評家からはものすごい酷評を受けてしまった。いずれも「こんな子供だましのような刑事ものは見たこともない」というものばかりであった。私はこの批評を聞いて逆に「これは当たるぞ！」という確信を強めた。なぜならばこういった酷評は、「この作品には今までの刑事ものとは全く違う新しい何かがある」と言っているも同然だったからだ。

はじめの頃の視聴率の推移をみると、このことがかなり顕著に証明されている。第一話は二十%を超えたが、第二話『時限爆弾　街に消える』ではガタンとダウンした。しかし、その後、視聴率は再びうなぎ登りに上がっていったのである。

第一話は、石原裕次郎の初めてのテレビドラマ出演ということで大勢の人が見てくれたのだが、中身がかつての石原の映画とあまりにも違っていたので、そういうものを期待していた人達は失望してしまったようだった。

しかし、第三話、第四話と進むうちに、こちらの企画意図を的確に判断し、今までの「刑事もの」ファンとは異なる視聴者が見てくれるようになり、それでどんどん視聴率が上がってきたのである。第八話『真夜中の刑事たち』では、とうとう二〇%の大台を再び超したのであった。

懐の辞表は、無用となった。

※3『キイハンター』
昭和四十三（一九六八）年から五年に渡ってＴＢＳ系で放送された。東映制作のスパイアクション。国際的スパイ組織の陰謀を阻止すべく立ち上がった六人の秘密諜報部員の活躍を描く。多分に、映画『００７シリー

ズ』を意識して制作されており、日本が舞台となった『007は二度死ぬ』で活躍した丹波哲郎が諜報員のリーダー役で出演している。この作品からは、千葉真一、谷隼人、野際陽子といったアクションスターが羽ばたいていった。なお、スコッチ刑事こと沖雅也が、勝手に「キイハンター」を名乗るキザな探偵役で中盤以降、準レギュラー入りしている。

※4『ザ・ガードマン』
大映テレビが制作したアクションもの。昭和四〇（一九六五）年にTBS系で放送された。今回、刑事に替わって活躍するのは、七人のガードマン。それまで地味な印象しかなかったこの職業を一躍メジャーにのし上げた上、翌年の就職戦線では「ガードマンになりたい」という若者を急増させ、社会現象まで巻き起こすに至った。出演は、宇津井健、中条静夫、藤巻潤ら。宇津井はその後、『赤いシリーズ』など、大映制作のドラマの顔となった。

※5『時間ですよ』
昭和四〇（一九六五）年にTBS系でオンエアされた、森光子主演の人気ホームドラマ。当初は『日曜劇場』の一作として放送されたが、後に連続ドラマ化された。銭湯を舞台に、そこを訪れるさまざまな人間の悲喜こもごもを描く人情喜劇。番組の随所に散りばめられた「お遊び」が、お茶の間の話題を集めた。この作品で、堺正章が、「グループサウンズ」のイ

メージを一新。見事に歌手から役者への転向を果たした。また、天地真理、浅田美代子といった時のアイドルも生みだした。こちらには、トシさんこと地井武男がレギュラー出演していた。

※6『ありがとう』
昭和四十五（一九七〇）年に放送が開始されるや、たちまち一大ブームを巻き起こしたスタジオホームドラマの金字塔。TBSの名プロデューサー、石井ふく子が企画した人気シリーズで、以後、彼女の作る作品が「石井ふく子もの」とまで呼ばれるほどの、国民的人気を獲得した。なにより、役者は初体験のチーターこと、水前寺清子をヒロイン役に抜擢したことが成功の要因だろう。水前寺はその後、シリーズ第三作まで主演をつとめ、四作目で佐良直美にバトンタッチした。石坂浩二、山岡久乃、長山藍子、佐野浅夫ら共演陣も、ほぼ全シリーズに渡って出演している。

※7『東京バイパス指令』
日本テレビ系で昭和四三（一九六八）年に放送されたアクションドラマ。「青春もの」を卒業した夏木、竜の二人が、特命捜査官に扮して、大都会で起こるさまざまな事件の解決に全力を尽くす姿を描く。後の松田優作、中村雅俊による『俺たちの勲章』（一九七五）二人主役ものの原点ともいうべき作品。

※8　七十年安保

昭和二十六（一九五一）年に締結された日米安全保障条約。この条約延長年にあたった、およそ二十年後の昭和四十五（一九七〇）年、日本中で学生達が反対運動を展開したが、折りしも世界中で吹き荒れたスチューデントパワーの風を受け、当時の日本は騒然とした空気に包まれた。この時期を「七十年安保」という。

※9『ブリット』

昭和四三（一九六八）年度公開のアメリカ映画。スティーブ・マックィーン、ジャクリーン・ビセット主演による刑事アクションもので、サンフランシスコの街を舞台に、裁判の証人殺しの犯人を追う刑事の活躍を描く。そのドラマ性もさることながら、ダイナミックなカーチェイス・シーンが話題を呼んだ。

※10『87分署』

昭和三十七（一九六二）年にフジテレビ系で放送された外国テレビドラマで、エド・マクベインの原作を映像化した刑事もの。架空の大都市、アイソラの警察、第八七分署を舞台に、個性溢れる四人の刑事が大都会の犯罪に果敢に挑んでいく。それぞれのキャラクターを活かした四人のチームワークが、人情味豊かに描かれていた。『太陽にほえろ！』は、この作品の影響を多分に受けている。

※11『バークにまかせろ』
昭和三十九（一九六四）年に日本テレビ系でオンエアされた外国の刑事ドラマ。億万長者でロールス・ロイスを乗り回す、キザでプレイボーイな敏腕警部・エイモスの型破りな捜査ぶりを描く痛快刑事アクション。「探偵もの」の要素も盛り込まれていた。主演のジーン・バリーはこの作品で日本の主婦層から絶大な支持を受けた。

第二章　愛すべきわれらがボス

われらが「ボス」

石原は、文字通り、我々『太陽にほえろ！』チームの「ボス」だった。

撮影現場で石原が中心になるのは当然のことだが、直接撮影に関係ないところでも『太陽にほえろ！』をグイグイ引っ張っていってくれた。石原の存在がなかったら『太陽にほえろ！』も、あんなに長くは続かなかったと思う。

長い制作期間中、不幸にも石原は絶えず病気と闘っていた。しかし、石原は一度もグチをこぼすことなく、いつも明るく振る舞い、我々を助けてくれた。

風邪をこじらせて四十度の熱を出した時も、腕を骨折してほとんど片腕しかきかなかった時も、舌の手術で全く口がきけなくなってしまった時も、「放送に間に合わなくなります」という一言で、石原は撮影に参加してくれた。

「こっちにどんな事情があろうとも、ファンは自分がドラマの中心にいることを期待しているんだ。そんなファンを裏切ることはできないよ」

それが彼の口グセで、常にシナリオ通りの芝居をこなしてくれた。

撮影に入る前に、業界のある先輩から「石原をキャスティングしたら大変だよ」と脅かされたが、実際の撮影中に石原から迷惑をこうむったことは一度もなかった。それどころか石原は、十五年間、いつも撮影の三十分前には必ず現れ、セリフを覚えていなかったりNGを連発したりするようなことも全くといっていいほどなかった。その証拠に、予告編を作る時、よく本編のNGカットを転用するのだが、ボスのNGカットだけはいつもなくて困っていた。

その上、石原は「ここへは一役者として来ているのだから……」と言って、監督の言うことには一言の不平不満もなく従ってくれた。『太陽にほえろ!』が始まった時、一番下の助監督をつとめていた男がシリーズの終わりの方で監督に昇進した時も、率先してその監督を立ててくれた。

そんな石原の一つ一つの行動が模範になり、『太陽にほえろ！』チーム全体に波及し、結果、素晴らしいチームワークが生まれたのだ。

逗子の英雄

私と石原家には不思議な縁がある。

高校時代、私は鎌倉に住んでいたのだが、石原は隣り町の逗子（葉山）に住んでいた。鎌倉も逗子も町に出るためには横須賀線に乗らなければならない。しかも、今と違って当時の横須賀線は三十分に一本というのんびりしたダイヤを組んでいた。

当然、否応なく同じ車両に乗り合わせることもあった。向こうはともかく、私の方は石原をかなり意識していた。石原はその時すでに逗子の番長であり、土地のスターだったのである。だから、横須賀線で同じ車両に石原が乗っているのを見ると怖くなり、次の車両に逃げだしたものだ。

しかし、反面、子分を大勢連れて車両を占拠している石原のカッコ良さに、私はあこがれてもいた。後年、石原にこの話をしたところ「俺、あのころ悪かったからな」と豪快に笑い飛ばされてしまった。

そこには、ジーパンこと松田優作に「ケンカしたら絶対負けるな！」と変なお説教をしてくれた片鱗があった。

また、私がプロデューサーとして初めてヒットを飛ばした作品、『青春とはなんだ』の原作が、石原の兄君である石原慎太郎の作品だった。

お兄さんの作品で世に出してもらい、弟さんのおかげで一人前にしてもらったわけだ。なんとも不思議な縁である。

ボスを待ち構えるショーケン

私にとって『青春とはなんだ』という作品は終生忘れられないものである。

あの作品に出会えたおかげで、それ以降、私は「青春ものプロデューサー」と呼ばれるようになったし、『太陽にほえろ!』も作ることができた。

石原慎太郎があの原作で書かれた「英雄像」「正義感」「男の優しさ」は、私の作品の一貫したテーマとなった。そういう意味では、私はまさに石原家に足を向けては眠れないわけである。

話を『太陽にほえろ!』に戻そう。

番組をスタートした時も、石原は病後だった。

そんな事情から、クランクインの日まで一度も石原本人には会ったことがなかった。

それまでの打ち合わせは、全てマネジャーの方と済ませていた。

だから、初めて石原が撮影所に現れるという日の前日は、緊張して眠れなかった。なにしろ、石原は高校時代からのあこがれの人だったし、日活時代のあの輝かしい実績、それに、自らプロダクションを率いて五社協定に逆らってまで、素晴らしい作品を作り続けていたプロデューサーとしての手腕に、いささかおじけづいていたのだ。

「石原が今日から我々のセットに来てくれる」と、ソワソワしているもう一人の男がいた。それは、初代新人刑事・マカロニ役の萩原健一だった。いつも撮影の開始ギリギリの時間にしか現れない彼が、その日ばかりは朝早くから現れ、今か、今かとソワソワしながら石原の到着を待ち構えていた。それは実に愉快な光景だった。

ボスと歩んだ十五年間

石原は当初、『太陽にほえろ!』はワンクール、十三本ほどで終わるものと思っていたようだ。そもそも映画人である石原は、テレビの制作費の安さと、撮影のスピードの速さにあきれて「これではとても続かない」と思ったのだろう。

映画では、主演を務める石原の出番はいつも全シーンに及んでおり、一本の作品で二十日間ほどは撮影所に通わなければならなかったのだが、テレビでは、一日の出演で二本の作品を仕上げてしまう。これでは自分が主役を果たすことができないと不安に思われたのももっともな話だ。我々としては、五年くらいは続けるつもりでいたので、ワンクールで石原に降りられては困ってしまう。実際、会社（日本テレビ）やスポンサーには、その段階で一年は続けると約束していたわけだから、慌てた。なんとか、石原に翻意してもらわなければならない。

成城の石原邸に伺って必死に頼んだ日のことを今でもはっきりと思いだす。この時、石原夫人が私達の味方について、一緒に石原を口説いてくれた。それが我々には非常に嬉しかった。

竜雷太も、我々の代弁をして、朝まで呑み明かして口説いてくれた。

こう考えてみると、色々な人が『太陽にほえろ！』の企画の優秀さを認めて（まだこの時の視聴率は十二〜十五％くらいだった）応援してくれたものだと、感謝の念にたえない。

石原もたいしたもので、三ヶ月も経つとテレビの強さを理解し、自分のプロダクションでもテレビをはじめようと思うようになった。その理解力の早さと行動力には舌を巻く。

はじめは怖い人だと思っていた石原も、実は非常に愛すべき人物であることを知った。

『太陽にほえろ！』では、よくPR番組を作ったのだが、石原はその出演料を心待ちにしていた。

ふつうのギャラは、銀行振込みで直接、石原プロモーションの方に入ってしまうのだが、PR番組のギャラは現金で出るので、誰にも知られることなく自分の手に入る。実際には、石原プロの方も現金が出ているのを知っていたのだが、あまり石原が嬉しそうにするので、見て見ないふりをしていたようだ。

石原の収入は、我々サラリーマンからは想像もつかない額だが、わずかのお金にこんなに喜ぶとは面白かった。しかし、考えてみると、呑みに行くにも、食事をしに行くにも、天下の石原だけに、どこのお店でも「ツケ」で済んでしまう。それに、いつもマネージャーがついているから、日常生活の中で「自分でお金を払う」ということはめったになかったのだろう。

自分で自由になるお金を持ち、それを使えるということは本当に楽しいことだったようだ。まるで、お殿様のような生活で、羨ましいような、かわいそうなような気がした。

ギャラが出る度に、石原はニタッと笑って「女房には内緒だぞ」と嬉しそうに現金をポケットにしまい込んだ。だが、石原は、決まって次の日の撮影でスタッフに食事を大盤振る舞いし、そのお金を使い果たしてしまうのだった。まさに「愛すべきキャラクター」だ。

石原のもう一つの面白いエピソードは、極端に運動部的でご年令による上下関係を大切にしていたことだ。

某テレビ局の音楽番組の収録の時、はじめは番組のディレクターに敬語を使って神妙にしていたのだが、ふとしたことからそのディレクターが慶応の何年か後輩だと判ると、急にリラックスして、言葉つきまでガラッと変わってしまった。

その変わり身の速さに、我々もすっかりあきれてしまったことを覚えている。私はつくづく「同級生でよかった」と思った。

優しきヒーロー

石原は、他人のことを思いやる実に優しい人だった。

私の上司がガンで伊東の病院に入院していた時のことだ。上司はまだ自分の病気がガンであることも、命があと数か月しかないことも知らない。

石原はその上司と大変気が合い、よく遅くまで呑み明かしていた。そこで、お見舞いに行こうということになったのだが、石原プロの人が気をきかせて、銀座の千疋屋でお見舞いの果物を買って来てくれた。

その場では「ご苦労」と部下を労っておきながら、石原は伊東に着いてすぐ、地元の小さな果物屋でお見舞いを買い直した。

不思議に思って尋ねてみると「俺がわざわざ東京から見舞いに来たと知ったら、自分の病気の重いのを悟ってしまう。だから、たまたま伊東に来たついでに寄ったんだ

『太陽にほえろ！』を制作して一番嬉しかったことはボスの復帰。1981年11月、大動脈瘤解離という生命の危機を越えて、復帰第1作『帰って来たボス―クリスマスプレゼント―』収録時のスナップ。

と思わせたいんだよ」と答えられた。

善意でわざわざ千疋屋まで買いに行った部下の気持ちも傷つけることなく、さりげなく私の上司を気遣ってくれた石原の姿に、「若い時から大スターで、ずっと強い者として過ごしてきた中で、こんな細やかな思いやりを一体どこで身につけたのだろう」と感心したものだ。結局、千疋屋の果物は私がもらってしまった。

ボスのラストカット

「二枚目は芝居をしてはいけない。ヘタな方が大成するんだよ」というのが石原の口癖だった。自分でも「プロデューサーとしては自信があるけど、役者としてはたいしたことないよ」などとも言っていた。しかし、なかなかどうして、その計算された演技は天下一品だった。

「謎解きもの」のドラマを作っていると、真実と嘘とをないまぜにして語らなければならない時がある。そんな時、どれが真実かを視聴者に知らせることが非常に難しい。だが、そのセリフをボスに喋ってもらえば、それだけでどれが真実であるかを視聴者に教えてくれた。

また、「七曲署」が事件に対してどの程度の確信を抱いているのかも、顔の表情ひとつで的確に表現してくれた。これがどんなに素晴らしいことかは、台本を作る作業をしてみなければ判らないことだ。ふつうは、そのようなことを苦労してセリフを書くのだが、ボスの場合は何もいらない。ずいぶんと楽をさせてもらった。

番組のラスト・カットでのボスも、いまだに我々の間では語り草となっている。はじめのうちは、あまり気がつかなかったのだが、よく見ていると、ここでのボスの表情が毎回違う。しかも、その時の「七曲署」の面々の気持ちを実によく代弁している。事件がめでたく解決して、「七曲署」がどういう感慨を抱いたか、このボスのワンカットで全てわかってしまうのだ。こんな細かいところでいぶし銀のような芝居をしてくれる石原に、私はいつも驚嘆した。

最終回第七一八話『そして又、ボスと共に』より。十数分に及ぶボスの取り調べのシーンのセリフの中に、石原裕次郎本人からのメッセージも込められていたのかもしれない。

ボスからの贈り物

最後に、石原についてどうしても書いておかなければならないことがある。

それは、石原の最後の出演ともなった最終回『そして又、ボスと共に』で、犯人の妹から、兄の居場所を聞きだすシーンでの出来事だ。

この撮影の当日、石原から「このシーンを俺にくれないか」という電話が入った。

こんなことは初めてだったので、ちょっと驚いたが、監督とも相談して石原に任せることにした。ここでの石原の芝居は全くのアドリブだったが、「十五分の遺言」といえるべき言葉を我々に残してくれた。取り調べ室の中で、石原は「命の尊さ」を淡々と説きはじめたのだ。

まるで、死期の迫っていた自分自身に言い聞かせているような、あるいは、今も生き残っている我々への熱いメッセージのような素晴らしい芝居だった。我々は、この石原のメッセージを生涯忘れることはないだろう。

いずれにしても、石原の死はあまりにも早過ぎた。

まだまだ生きていて「だめじゃないか、岡田」と叱ってもらいたい気持ちだ。『太陽にほえろ!』という番組は終わっても、石原とのお付き合いは終わってほしくなかった。

実に、実に、残念でならない。

だが、もうそんな泣き言を言ってもはじまらない。

石原はお酒を呑むと、いつも私にこう説教したものである。

「お前、サラリーマン・プロデューサーじゃ、本当の意味のプロデューサーとはいえないぞ。自分の家屋敷を抵当に入れて、自分の描きたいドラマを作らなければ一人前のプロデューサーじゃないんだ。自分の作った映画にお客さんがいっぱい来てくれた時の嬉しさは、最高なんだよ。一度でいいから、そんな喜びを味わってみろよ」、と。

その言葉を今、もう一度噛みしめてみたいと思う。もともと気の弱い私には、石原の言う「本当のプロデューサー」にはなれないかもしれない。だが、いつの日にか必ずや、清水の舞台から飛び下りる決心で挑戦してみたいとも思っている。

心より合掌……。

ハワイからのボスの手紙

『太陽にほえろ！』全作品の撮影が終了し、「打ち上げの会」が催されましたが、その会場にハワイに療養中のボスから送られてきた手紙です。

亡くなる五ヶ月前のことでしたが、映画やテレビのドラマを作りたいという情熱を持ち続けていることが感じられます。

ご来席のみなさま、こんにちは。石原裕次郎です。昨年の春でしたか、岡田・梅浦両プロデューサーと「こうなったらまるまる十五年やろうね」と私の口から言ったことを思い出します。それがあんなことになってしまい、スポンサーのみなさまがた、局の方々、そしてスタッフの方々、出演者のみなさん、大勢の皆様方に多大なご迷惑をおかけしてしまいました。今更ながらなんとお詫びしてよいのやら、心から大きな責任を感じております。

会場には懐かしい顔、顔、顔がたくさんお見えのことと思います。思い起こせば、この『太陽にほえろ!』を私がはじめて手掛けたのは、三十七歳の初夏でした。それから足かけ十五年、いろいろなことがありました。この十四年四ヶ月は私にとって第二の青春だったのかもしれません。大勢の方々と知り合い、大勢のスタッフとの出会い、数限りない俳優さん方との出会い、これは私にとって大きな大きな宝物であり、今後これからの私の人生にとって、大きな糧となるでしょう。みなさまに感謝いたします。ありがとうございました。

『太陽にほえろ!』に乾杯!

第三章　マカロニとショーケン

俺は「坊や」ではない!

初代の新人刑事は、一世を風靡したグループサウンズ、「ザ・テンプターズ」の元メンバーで俳優に転身、当時まだ二十二歳になったばかりの若き萩原健一が演じてくれた。

彼は俳優としてだけでなく、企画の面でも若者代表として若い視聴者の考え方、好み等を色々と助言してくれた。我々は、彼を「ショーケン、ショーケン」と呼んでずいぶんと頼りにしたものだ。

そんな意味合いをこめて、ここでは彼のことを「ショーケン」と呼ばせてもらおうと思う。

我々は『太陽にほえろ!』を始めるにあたって、まず全レギュラー刑事にあだ名をつけることにした。

最初、ショーケンには、「坊や」というあだ名がついていた。しかし、これを知ったショーケンは、烈火の如く怒りだし、「俺は坊やではない!」と主張してきた。「早見刑事(ショーケンの扮した刑事)は君自身ではなく、ドラマの中の人物だから」といくら説得しても聞き入れてくれない。

ショーケンにしてみれば、やはり早見刑事は彼自身でしかないのだ。こんな考え方も、それまでの俳優にはなかったものである。

我々もこれにはすっかり困ってしまったが、衣装合わせの時、彼がノーネクタイで三つぞろいの背広といった、当時流行っていたマカロニウェスタンに出てくるような衣装を選んだ。そこで「マカロニ」というあだ名に変えた。

苦しまぎれにつけたあだ名だったが、意外にもこれが大成功を収めた。わからないものである。

番組がスタートした頃、「あんな長髪の刑事はいない」と各方面からもの凄い量のお小言を頂戴した。しかし、我々とショーケンはそういう意見には全く耳を貸さなかった。

刑事だって若者なのだから、当時流行っていた長髪で活躍してても決しておかしくないはずだ。そんな文句を言う人には、「警視庁管内の総ての刑事に会って、長髪の刑事がひとりもいないことを確かめたのか?」などと、かなり強気の反論をしたものである。

事実、それから数年経ってからのことだが、実際の刑事の中に、本当に長髪の刑事がいることを確認した。その刑事がもとから長髪だったのか、マカロニ刑事の活躍を見てそうなったのかは分からないが、長髪だと刑事になれないということでは決してなかったようだ。

挫折の美学

この、ショーケンの長髪は、当時の若い人達の心をしっかりとつかんでくれた。この長髪に代表されるマカロニ刑事はちょうど七十年安保直後の挫折した若者達の心情をものの見事に代弁してくれたのである。

それまでの若者たちには「不可能という文字」はなかった。しかし、ちょうど『太陽にほえろ!』が始まった昭和四十七年ごろからは、「いくら努力してもかなえられないものもある」ということを自覚しなければならない、そんな雰囲気が世の中全体に流れはじめていた。

そんな「しらけ時代」の始まりにあたってショーケンは、「たとえ物事が成就しなくてもいいじゃないか。俺達は精一杯やってみよう。それでだめでも、自分はできるだけのことはやったんだということに満足しようじゃないか」と若者達に呼びかけてくれたのだ。

この、ショーケンの叫びは、七十年代初頭の若者達にとって非常に新鮮で、魅力的なものとして映ったに違いない。

しかもショーケンは、こんな主張を口先だけでなく体全体を使って表現してくれた。オープニングのタイトルバックでもショーケンは全力疾走しているし、アクション場面でも本気で犯人役の役者を殴っている。もちろんその時には、ショーケン自身も本気で殴り返されている。そんな真剣勝負にしてホットなショーケンの演技が、茶の間に素直な感動を与えてくれたのだ。

そして、この「精一杯やろうという本物の演技」はショーケン以降、『太陽にほえろ!』が終わるまで、代々の新人刑事たちに引き継がれていった。

ショーケンは「挫折」という感情を美化してくれた初めての俳優といっても過言ではない。ドラマの中でマカロニは、いつも逮捕したくない犯人を捕まえなければならない羽目に陥ってしまう。刑事である前に人間でありたいと願いながらも、刑事という仕事がそれを許してはくれない……。その苦しさ、哀しさを全身で表現し、視聴者の共感を呼んだ。

劇中、救いようのない事件が扱われているにもかかわらず、そんなショーケンの行動に視聴者は感動し、喜びさえ感じてくれたのだった。

私はこの「青春の挫折」の心地良さをショーケンから学んだ。私の『太陽にほえろ！』以降の作品群、『俺たちシリーズ』（※12）にも、『忠臣蔵』（※13）にはじまる「年末時代劇」にもこのテーマは採り入れさせてもらった。私の作品ばかりでなく七十年代の「青春もの」にはみな、この要素が詰まっていたのではないだろうか。

そんな意味でショーケンは、『太陽にほえろ！』の大成功ばかりでなく、テレビ界全体にも多大な貢献をしてくれたといえる。

疾走する物語

話を番組のスタート時に戻そう。

我々は、若手側の主人公としてショーケンに白羽の矢を立てたのだが、実はクランクインの前の晩になってもショーケンから出演ＯＫの返事をもらえず、かなりやきもきしていた。

出演を前提として色々打ち合わせを続けてきたのだが、第一話の台本を読んだショーケンが、この台本ではどうしてもやれないと言いだしたのである。

第一話の台本にはこちらも自信を持っていたので、彼との話し合いはどうしても平行線をたどってしまう。困り果てた私は、第一話の監督を引き受けていただいた竹林進監督に、「一度ショーケンと会ってください」とお願いした。

ふつうの俳優なら、まずここまできて出演を断わられるということはあり得なかった。だが、相手は我々にとって、当時はまだ「宇宙人」のような存在のショーケンのこと。クランクインの初日、果たしてショーケンが来てくれるかどうか本当に心配した。

しかし、彼は我々のそんな不安を吹き飛ばすような晴れ晴れとした顔で撮影現場に現れた。

監督は、とにかく「走る」こと、この番組は「徹底的にショーケンの走る姿を撮りまくる」ということで彼を説得したらしい。「なんだ、そんなことでショーケンを納得させることができたのか」と、拍子抜けしてしまったものである。しかし、後になってみれば、これは大変なグッドアイディアで、このために『太陽にほえろ！』は有名になり、成功したのではないかと思えるのである。

竹林監督とショーケンの見識には本当に頭が下がってしまう。

ショーケンの発明

『太陽にほえろ！』のテーマ曲は、もの凄いヒットを記録した。それまで「歌の入っていないレコードは売れない」と言われていたのだが、この曲はそんなジンクスをあっさりと吹き飛ばしてしまった。

作曲家の大野克夫の優れた才能の故と思うが、我々にその大野を強く推薦してくれたのがショーケンだった。ショーケンは我々に向かって、「ダマされたと思って大野を使ってみてよ」としつこく求めてきた。「戦友」の項で後ほど詳しく記すが、それまでのドラマのBGMは、いずれもスタジオ・ミュージシャンによるオーケストラ演奏で制作されていた。だが、ショーケンは、「そんなのは古い！」と言って聞かない。はじめは半信半疑だったが、あまりに熱心に薦めてくれるので、「それじゃダマされてみようか」と、彼の言葉に乗ってみた。

だから、実際にオンエアするまで成功するかどうか随分と気をもんだ。しかし、いざフタを開けてみると、ご存知のように大ヒット。『太陽にほえろ！』が放送されていた十五年間はもとより、いまだにこの曲は（CMなどで）ブラウン管の中で鳴り響いている。レコード、CDなどは通算すると、何百万枚売れたかわからないほどだ。

おまけに、この曲のヒットのお陰でこれ以降のテレビ・ドラマのBGMがみな、この方式を採るようになってしまった。大変な「発明」といえる。

ショーケンは、このように多くのものを『太陽にほえろ！』に残してくれたが、なんと言ってもその最大のものは、やはり「殉職劇」だろう。

テレビシリーズは、長い間放送が続いているので、番組開始時には考えられないような問題が持ち上がってくる。『太陽にほえろ！』も例外ではなかった。「成長ドラマ」を押し進めていくと、主人公はいつの日か、必ず成長しきってしまう。

初めて犯人を逮捕した事件。初めて人を撃った事件。初めて命を落としそうになった事件……と、初めての事件を並べていくと、いつしか「初めて」がなくなってしまう。そうなると、もう番組の中での新人刑事の居場所がなくなってくるのだ。

ショーケンが遭遇したのは、そんな行き詰まりだった。それで番組を降りたいと言ってきたのである。

しかし、テレビシリーズで番組継続中に主役が途中から消えていなくなってしまうなどということは前代未聞のことだけに、どうしたものかとみなが頭を悩ませた。

「降りたい！」

「降ろすわけにはいかない！！」

と、押し問答を繰り返しているうちにショーケンから、一つの提案が出てきた。

「劇中で、殉職したい」と言うのだ。初めは我々も驚いたが、よくよく考えてみるとなかなかいいアイディアではないか。この彼のアイディアを逆手にとって、番組をさらに発展させることができるかもしれないと、私は一人ほくそ笑んだ。

今でこそ素晴らしいアイディアとして受け入れられているものの、当時にあっては主役がシリーズの途中で死んでしまうということは、全く考えられないことだった。事実、日本テレビの内部にも「ショーケンがいなくなったら番組も終わりだ」と思っていた人が大勢いた。

しかしこの時、『これが青春だ』で竜雷太がスターになった例を思い起こし、我々は思い切ってショーケンの意見を受け入れた。幸いこの時には、すでに松田優作というとてつもなくスケールの大きい役者が文学座の研究生にいることを知っていた。

よし、「次は優作で行こう！」

そう決心してマカロニの殉職劇を私は準備し始めたのである。

殉職

思った通り、「殉職劇」は『太陽にほえろ！』最大の売りものとなった。

ドラマを作る時に、最もパンチの効いた出来事は「人の死」、特に「視聴者から最も愛されている人の死」だ。

私がまだ駆け出しだったころ、私のドラマの師匠である東宝の千葉泰樹監督から「『忠臣蔵』を研究しなさい。あの中にはドラマの全てのエッセンスが入っているから」と言われたことがあった。千葉監督は、「大石以下の忠臣が切腹を命じられたのは、彼らが生きながらえてみじめな生活に陥ったり、悪事を働いたりして、討ち入りという快挙を汚してしまうことを恐れたためなんだよ」とも付け加えられた。

忠臣達は、彼らの生涯で最も晴れやかな時に命を捨てた。それ故に、彼らは永久に「英雄」としての栄誉を得ることができたのだ。

マカロニ刑事も同じことだ。

最も輝いている時、最も視聴者に愛されている時に理不尽に殺されていれば、マカロニの人気も最大限のものになると思ったのだ。

そのうえ、次に登場する新人刑事にも視聴者は大きな期待を抱いてくれる。

そのために、殉職劇をやるごとに『太陽にほえろ！』の視聴率は伸びていったのである。

マカロニの死に涙したファン達

我々のもくろみはものの見事に当たった。ちょうど放送日が七月十三日の金曜日にあたったこともあり、『13日金曜日マカロニ死す』のタイトルでオンエアしたのだが、この作品の成功のおかげで、『太陽にほえろ！』は十五年間の長きにわたり、ヒット・シリーズとして視聴者に受け入れられたといっても過言ではないだろう。

この殉職劇は、もう一つの思わぬ好材料をもたらしてくれた。

それは、若手刑事がひとり変わると、作品自体の色も明確に変わってしまうということだ。

そのおかげで、時代が変わり、視聴者の趣向が変わっても、それに簡単に番組を合わせていくことができたし、マンネリにも陥らずに作品を作り続けることができた。マカロニ時代は「挫折」のドラマ。ジーパン時代は「力」のドラマ。テキサス時代は「安定」のドラマ。ドックが入ってくれば「喜劇」の要素が強くなったし、ラガーの時代には「アイドル」のドラマへと自在に変貌を遂げることができたのである。

殉職劇を設定すると、新聞や雑誌のテレビ担当記者のみなさんが面白がってくれた。その中からいっそのこと「葬式をやったら……」という声があがった。そこで我々も悪ノリをして、視聴者に呼びかけ、殉職劇の試写会を中心にした「お葬式」をシャレで行ってみた。

殉職した刑事の黒枠の写真に献花をして試写を見るのだが、熱心なファンは試写が始まったと同時にもう目を真っ赤にして泣いているではないか。実際に殺されるシーンではもう、会場中若い女性の泣き声でセリフも聞こえない。

ショーケンが刺された時には、もの凄い悲鳴があがった。そのテンションの高さは同席していた我々まで思わずもらい泣きをしてしまうほどだ。

このイヴェントは我々が予期した以上の効果を生み、その後の『太陽にほえろ！』のPR活動の中心になった。

ショーケンは、こんなにも素晴らしいアイディアを我々に残してくれた。

仕事熱心で、いつも仕事のことばかりを考え、速射砲のように奇抜なアイディアを語ったショーケン……。そんな彼を初代の新人刑事にキャスティングできたことは我々にとって幸運以外のなにものでもなかった。

※12『俺たちシリーズ』

昭和五十（一九七五）年に放送された『俺たちの旅』以降、『俺たちの朝』『俺たちの祭』と続いた、タイトルに「俺たち」を冠した青春ドラマシリーズを総称してこう呼ぶ。中村雅俊、田中健、津坂まさあき（現・秋野太作）主演による第一弾『俺たちの旅』が幅広い層の人気を獲得し、勝野洋、小倉一郎、長谷直美主演による第三弾『俺たちの朝』（一九七六）でシリーズとして完全に定着した。「一本気な主人公に気の優しいダメ男」という基本コンセプトが全作品に共通して貫かれている。

※13『忠臣蔵』
　昭和六十（一九八五）年、一二月三十日、三十一日の二日連続で日本テレビ系にて放送されたドラマスペシャル。当時、「紅白歌合戦のウラ番組は視聴率がとれない」といわれていたが、そのジンクスを破って見事、高視聴率を獲得した。出演は里見浩太朗、森繁久彌、風間杜夫、多岐川裕美、勝野洋ら。森繁演じる吉良が、ラスト、威風堂々と舞を踊るシーンが話題となった。

第四章　颪のように走り抜けた男・ジーパン

マージャンが射止めた主役

ショーケンが殉職して、次に登場した新人刑事がジーパンこと松田優作だった。

ショーケンが殉職を願い出てくる少し前、私は『飛び出せ！青春』という「学園もの」を制作していた。作品も終盤に差しかかり、後釜の先生役の俳優を探す段になった。『飛び出せ！青春』の主役は村野武範だったが、当時文学座に所属していた彼が、自分の研究所にちょっと面白い男がいるという情報をくれた。それが松田優作だった。

ところが、後で聞いた話によると、村野は優作を優秀な俳優として推薦したわけではなく、ただ、前日の晩にマージャンに負けた時の約束で、仕方なく彼を私に紹介してくれただけということだった。そんな村野の思惑とは別に、優作との出会いは私の運命、ひいては『太陽にほえろ！』の運命を、大きく変えてしまった。

あの時、村野が優作のことを教えてくれなければ『太陽にほえろ！』は、ショーケンのシリーズ（一年間）だけで消えてしまったかもしれない……。そういう意味では私にとって村野は大恩人にあたる。

余談になるが、全く同じマージャンの賭けで、今度は優作が中村雅俊を紹介してくれた。文学座というところは、どうなっているのか、なかなかの後輩思いの俳優がそろっているところだと感心したものだ。

度胸と勘の良さに敬服

私が初めて優作に会ったのは、文学座の稽古場だった。

彼は文学座研究所の研究生として、稽古場にポツンと置かれた公園のベンチで、「恋人を口説く」という芝居をパントマイムで練習していた。

他の研究生が照れてしまい、恋人役の女優（この人も研究生）の手も握れないでいるのに対し、優作は果敢にその女優の卵に肉薄して、ついにキスまでしてしまった。その、芝居に対する体当たりの真剣さと、強引とも思える度胸の良さにすっかり驚いた。

「これはもしかすると、とてつもなく大きな役者になるぞ」。私はそう直感し、他のプロデューサーの誰もがまだ気がつかないうちに、彼と仕事をしたいものだという思いがムクムクと頭をもたげた。ショーケンが殉職劇をやりたいと申し入れてきたのが、偶然にもそんな時であった。渡りに船とばかりに私は、『太陽にほえろ！』の二代目新人刑事に優作をキャスティングすることに決めた。

テスト出演

『太陽にほえろ！』では新人刑事を加入させる場合、必ず事前にシリーズ内の別のエピソードで、チョイ役をつけてテストすることにしていたが、優作のこの時の芝居も絶賛に値するものだった。

ショーケンの最初の奥さんの（当時はまだ恋人だったが）小泉一十三をゲストに迎えた作品第三十五話『愛するものの叫び』でのことである。

小泉扮する、この回の犯人・弓子には、身体障がい者で施設で暮らす弟がいる。施設では二十歳になると、そこを出て行かねばならない規則があった。そうなると弟は弓子が引き取るか、さらに費用が高い他の施設へ移さなければならない。弓子がその費用のために殺人を犯したことを感じとったマカロニが施設へ行き、叫ぶ。「なぜ二十歳になったからといって追い出さなければならないんだ」と。その施設の係員に扮したのが優作だった。それはマカロニに対して心ならずも断わるという短いシーンであった。

松田優作の真剣な芝居は文学座の研究生だった頃からの持ち味だった。その片りんがうかがえる第五五話『どぶねずみ』。

もともとテレビ映画の世界では、この程度の役には仕出しに毛の生えたような駆け出しの俳優が当たるのが常識だったので、スタッフも大して期待もせずに撮影に入ったのだが、「規則だから預かれないんですよ！」と涙を流して訴える優作の迫真の演技にすっかり度肝を抜かれてしまった。

このシーンを編集した編集マンである神島さんまでが興奮して、「今日、凄い俳優が出てますよ！」と私達のところに飛んで知らせにきてくれたほどだ。この時点で優作の起用は絶対に成功すると確信した。案の定、優作の起用は大成功し、その登場第一回である第五三話『ジーパン刑事登場！』は、ショーケンの最終回よりも高い視聴率をはじきだした。

特注の衣装と靴

優作の起用で一番困ったのが、衣装と靴だった。なにしろボスが、「俺が見上げてセリフを言わなければならない共演者は初めてだ！」と言ったほどの大男である。衣装も靴も、彼に合うようなものはひとつもない。

前述のテスト出演の時は、間に合わせのツンツルテンの背広でごまかしたが、レギュラーとなるとそうはいかない。おまけに作品がアクションものだから、格闘をする度に衣装はボロボロになってしまうし、靴もご存知「走る」シーンばかりなので、一ヶ月で一足がダメになってしまう。

今でこそ色々なサイズがそろっているが、当時はこんな日本人離れしたサイズのものはなく、いちいち横浜の中華街まで出かけては外人向けのジーパンを買ってこなければならなかった。当然、靴も全部を特注で誂えた。そんなわけで、必然的に優作の衣装はいつもジーパンになり、あだ名も「ジーパン」に決まってしまった。

頭を痛めたケンカ騒動

ジーパンのことになると、いつもケンカ騒動のことが頭に浮かぶ。これには悩まされたものだ。特に、最初の時は本当に驚いた。しかも、騒動の起きた次の日は、絶対に別の日には動かせない後楽園球場での撮影だった。

昨晩、ケンカ事件を起こしたばかりのジーパンが、果たして撮影現場に現れるかどうか……。もし現れなければ放送に穴が開いてしまうという瀬戸際だった。

ケンカ事件がマスコミにバレるのも困るし、本当に気を揉んだ。しかし、当人はケロッとしたもので、平気な顔をして現れ、何事もなかったように平然と芝居をしている。何か拍子抜けしてしまい、叱るのも忘れてしまった。「暴力は絶対にいかんよ！」と言っていたボスまで、「ケンカする時は、人に分からないようにしろ！それから負けるな！　俺なんか、相手が五人までだったら絶対に負けなかったぞ！」などと、とんでもないことを言いだす始末だった。

ジーパンには、そんなふうに人をみんな味方にしてしまう不思議な魅力があった。私も彼には随分と迷惑をかけられたが、ほとぼりが冷めれば不思議とまた彼と仕事を一緒にしたくなった。事実、『太陽にほえろ！』が終わってからも『俺たちの勲章』『大都会PART2』と、私は幾度となく彼とともに仕事をした。

最高に美しかった「疾走」

ジーパンが主役を演じた作品の中で、いまだにはっきりと覚えている作品がある。第七二話『海を撃て!!ジーパン』である。

あの中で、犯人のボートを追ってジーパンが突堤を走るシーンが私には忘れられない。このエピソードは、ジーパンを押しも押されもしないスターに育て上げた名場面だ。

あの長い手と足の魅力を充分に発揮したジーパンの「走り」は全く見事で、まさに「芸術」の域に達していたと言っても過言ではないだろう。

後に、勝野洋が入ってきた時に「何かアドバイスをしてやってくれよ」と私が言うと、彼は即座に「走る姿を勉強しろ！」といってくれた。ジーパン曰く、「走る姿」

にも色々あって、その姿だけで、何を目的に走っているのかを表現しなければならないと言う。この、彼の教えは『太陽にほえろ！』の最も基本的な演技哲学となった。

ジーパンもまた、ショーケンと同様に、もの凄く大きなものを我々に残してくれたのである。

死の直前、二人ともが母を想った

ショーケンの「死」のシーンも視聴者の感涙を誘ったが、ジーパンの「死」を描く第一一一話『ジーパン・シンコその愛と死』もそれに勝るとも劣らないほど壮絶なものだった。

ショーケンとジーパンのそれぞれの「死」の場面は、

全く二人の個性に合ったもので、いずれも素晴らしく、二十年経った今も私の記憶の中に鮮明に蘇ってくる。面白いもので「死」の場面を撮影する時は、その俳優が異常な緊張感から殆ど口を聞かなくなる。普段は冗談を言ったりして周囲を笑わせるジーパンだったが、この時ばかりは実に怖い顔をして、とりつく島もなかった。

撮影隊全体が、何か異様な雰囲気に包まれていたのである。

あのシーンは早朝から丸一日かかって撮りあげたのだが、あまりにも撮影すべき量が有り過ぎて実際の「死」の場面では、辺りがもうすっかり薄暗くなってしまっていた。しかし、この撮影は明日に延ばすことはできない。ジーパンをはじめ全スタッフが、このシーンのために異様な盛り上がりを見せている。今を逃したら、こんな高いテンションで撮影をすることなどもう二度とできないだろう。

我々は、最後の撮影が終わるまで何とか陽が落ちないようにと心から祈った。

撮影現場は、暗くなる前に撮り終えようと急ぐスタッフたちで、まさに戦場のような騒ぎであった。そんな状態ですら、スタッフが心を全く一つにしてあのシーンを撮影できたからこそ、あれだけの迫力を出せたのだと思う。

この時、最後のセリフがどんなものになるかがマスコミの一番の興味になっていたので、これをジーパンにまかせることにした。

彼は色々考えた末に、自分でも意外だったらしいのだが、事前に思いもしなかった母親の名をごく自然に呼んでしまったというのだ。これも大変面白い一致なのだが、ショーケンも「死」の場面で、なんの計算もなく母の名を呼んだ。

性格の全く違う二人が、同じように最後の場面で母のことが頭に浮かんだというのは、やはり人間にとって「母」の力がいかに偉大であるかを物語っているのだなと、つくづく感じいったものである。

（ジーパンの「死」の場面は何度となくテレビで放映されていることから、読者諸兄の中にはお気付きの方もいると思うが、実際の完成作品の中でジーパンは「母」の名を呼んではいない。ただ、あの撮影の時に優作から「マカロニと同じことを言っちゃいましたよ」と言われたことだけは今でも鮮明に覚えている。そのセリフが編集の時点でカットされたのか、それとも優作が「母」のことを想っただけなのか、今では遠い記憶の彼方である）

死ぬのはテレビの中だけでいい……

ジーパンの、この「死」の撮影をしてからおよそ二十年が過ぎた。

今度は本当に松田優作自身が亡くなってしまった。あんなに元気で、あんなに威勢の良かった優作が……。いまだに信じられない。

実は、彼がこの世を去る約一年ほど前に私は彼に手紙を書いた。

「賞なんてもっと歳とってからでももらえる。しかし、アクションシーンは歳とったらできない。それに、今の日本で本当のアクションができるのは君しかいないんだから、もう一度私と組んでアクションドラマを作ろうよ！」と、そう語りかけたかったのである。

彼がすっかり「うまい役者」になってしまい、賞をたくさん取ったことが私には不服だったのだ。優作には、彼が愛した「B級アクションドラマ」を、作り続けて欲しかったのである。

先日、本著のために書斎を整理していたら、偶然にもくだんの手紙の下書きが出てきた。他人へあてた自分の手紙を引用するなど、少し気がひけるが、これもなにかの資料となるかもしれない。

松田優作君へ

６３・８・２８

前略

先日来、二度もたて続けに貴君から戴いた企画に乗れず、申し訳なく思っております。しかし、私としましても、もう一度、貴君と組んで番組を製作する以上、絶対に二十パーセントはとりにいきたいと思い、慎重になってしまうのです。貴君のことだから「それなら、俺の云う通りにやればいいんだよ」と云われそうですが、ディティルはともかく、基本的なところでは納得しないと前へ進めない私の習性もよくご存知のことでしょう。お互い納得した形で、楽しく仕事をしたいものと思っている訳です。

さて、先回2回も貴君の方から企画のアプローチがあった訳ですから今回は私の方から企画を提案します。「太陽にほえろ！」の最後の打ち上げパーティで、貴君に会って以来、ずっと考え続けていたのですが、正直いって今までその企画が明確なるイメージで浮かばず困っておりました。しかし、先日「クロコダイル・ダンディー」を見て「これだ！」と思いました。今の日本で、これをやれる男は貴君しかいない。又、貴君も「今」でなければ、これはできないと思ったのです。私が「クロコダイル・ダンディー」を見て「これだ！」と思った所以は『主人公が常識を超えた肉体的強さを持ち、尚、単純硬派でもなく、他人とも協調しながら人生を楽しむ男』に設定されているところです。女にも優しく、ユーモアにも満ち、なによりも我々と同じ日常を生きているところが素晴しいと思いました。今迄のヒーローは悪人側より弱い人間に設定され、話の真中辺で、一度徹底的にやられてしまい、それを最後で逆転するというパターンでしたが、ここでは初めから終まで、主人公は悪人に対し、圧倒的な強さを見せ、その為に生まれる「余裕」と悪をやっつける「痛快さ」で見せています。又、この主人公は、この前の企画で貴君にお願いした「他愛なさ」も持っています。私にとっては、この映画の主人公は、貴君に演じてもらいたい人物そのもののような気がします。

では次に、この主人公の設定を活かした企画としてどんなものがあるか、私なりに考え、いく通りかの企画パターンを列記して見ます。

―　刑事ものとして

あまりの強さと無鉄砲さの故にコンビを組んでくれる相棒がなく、仕方なく廻されてきたのが婦人警官だった。しかも、はじめバカにしていた彼女がなかなか見所のある女だった。二人はお互いを認め合いながらも、男は女を無視し、女は男に張り合い、事件にのぞんでいくという設定。

2　探偵ものとして

日本を若くして脱出して外国（東南アジアor中国）で武術を修めた男が、なにかで大金をつかみ帰国して探偵事務所を趣味で持つ。さもなければ、もともと刑事だったのが、田舎の山が高速道路の路線にぶつかり高く売れて大金をつかんでしまったため拘束の多い刑事をやめ、探偵になった。

あるいは、発明狂で、たまたま彼が発明した品が実用化され、遊んでいても食べていける状態になった為、上と同じ理由で探偵になった。（いずれも、縛られるのが嫌いな自由人として）

3　冒険ものとして

ーの男が刑事にならず、民間人として生きていて、事件にはかかわりたくないと思いながら、いつの間にか事件にまきこまれ、それを解決していくというもの。先日河田町のある料理屋にいったところ、ここの女将が大変な人物で、もう九十歳近いというのにかくしゃくとしていて竹下首相を「登ちゃん、登ちゃん」とよんでいた。これが不思議と厭味がなく政界の黒幕のこわさを感じた。こんな女将に気にいられた男として設定したら……

以上、今のところまだ思いつきの段階でしかありませんが、こんなことがヒントになり、企画が生まれてくれれば非常に幸いだと思います。私のこんな考え方、多分あまり気にいらないでしょうが、どこかに接点があったら知らせてください。とにかく私としては、貴君と再び組んで、あの「クロコダイル・ダンディー」のような底抜けに明るく、楽しいアクションものを、どうしても作りたいのです。絶対に損はさせませんからもういちど、私にだまされてみて下さい。或いは、うまく私をだまして欲しいと思います。よいお返事を期待しています。

岡田晋吉

数日経ってから、彼の返事が届いた。それまで、なかなか私のやりたいような企画を認めなかった彼が、急に「岡田さんの好きな企画でやるよ」という。「おや?」とも思ったのだが、嬉しさが先にたち、すぐ彼の企画を考えることにした。

早速、前年『WAVE2000（※14）』で知り合ったジョイナーに「世界一速い女性と、世界一速く走っているように見せることのできる男性が共演するドラマを作りたい」と手紙をだした。

そして、誕生したのが『華麗なる追跡』（一九八九年）だった。

しかし、いざ撮影台本があがってくると、あんなに「台本には注文をつけないよ」と約束しておきながら彼は脚本家に勝手な注文を出し、私が彼とジョイナーのために考えたストーリーをすっかり変えてしまった。

「相変わらずで、このクセは直らないな」と腹を立てたのだが、後で考えてみるとその時、彼はもうすでにアクションができない体になっていたのかもしれない。

彼が不治の病に冒されていたことを、私は不覚にも知らなかったのである。

おまけに、私はこの番組を企画した直後に、会社から配置転換を命じられ、初めての営業局長の仕事に忙殺され、彼とゆっくり話し合う時間もなく、番組の制作業務を後輩に譲り渡して逃げだしていたのだ。

口では「良かったですね。出世して……」などと私の身の上を祝ってくれたが、おそらく心の中では「冷たい奴だな」と思っていたに違いない。自分の命がもうあまり長くないことを悟った彼は、初めて仕事をした私とまた仕事をしたくなったのだろうか……。

そう考えると、そんな気持ちも解らずに彼を放りだしてしまったことが、なんとも悔やまれてならない。このことは、いまだに後悔の念として私の心の中に深く突き刺さっている……。

それにしても「なぜいい奴ほど、早くこの世を去っていってしまうのだろう」と痛感せざるを得ない。石原にしても、沖雅也にしても……。

「死ぬのはドラマの中だけにしてくれよ！」と叫びたくなってしまう。

今はただ、心からそのご冥福を祈るばかりだ。

※14『WAVE2000』
昭和六三（一九八八）年に日本テレビがオンエアしたチャリティー番組。「世界中の子供たちの未来のために」をスローガンに、日本テレビが主体となって基金を設け、民間の協力を募るためにテレビを通じて訴えた。このとき、キャンペーンに参加、協力した著名人の中に、アメリカを代表する陸上選手のフローレンス・ジョイナーがいた。

1987年2月4日、東京高輪プリンスホテル別館プリンス会館にて行われた『太陽にほえろ！』さよならパーティーに駆けつけた松田優作。

第五章　山さんの大いなる力

「山さん」に乾杯！

『太陽にほえろ！』を企画した時点で、私が長期安定ドラマを作ろうとしていたことは先に述べた通りだ。

私がそれまで作ってきた「青春もの」では、長期にわたって高視聴率をとり続けることは非常に難しいことだった。

「青春もの」では、視聴者がどうしても若い人に限られてしまうから視聴率的にいっても限界があるし、恋愛ドラマにしようが、成長ドラマにしようが、一年以上長く続けることもまた不可能に近いことだった。

そこで、私が悩んだ挙げ句、ちょうどその時にあてもなく思案していた「刑事もの」の企画を会社に提出した。繰り返しになるが、それがすなわち『太陽にほえろ！』である。

この「刑事もの」は、あくまで私のこれまでやってきた「青春もの」の路線上にあるものだったが、会社からの注文を入れて、「ホームドラマ」の要素も付け加えることにした。そのひとつが、出演者の年齢をうまく分散して、あらゆる年齢層の視聴者から受け入れられるようにすることだった。

そして、もっともテレビ視聴者として重要な三十代、四十代の女性をテレビの前に釘付けにするために選んだのが露口茂であった。露口はこの役目を充分に果たしてくれた。露口がこのドラマに出演してくれなかったら、三十%、四十%などという高い視聴率は到底望むべくもなかったかも知れない。

ややもすると若い人の趣向に合わせ過ぎるこの番組に、大人の鑑賞に耐えうるものを注入してくれたのが彼だった。『太陽にほえろ！』が、後半になって批評家や知識人からも肯定的に迎え入れられるようになったのは、彼の力に負うところ大である。

主婦から見た理想の男性像

　露口が作りあげてくれた「山さん像」は、三十代、四十代の主婦からはまさに理想の男性像として受け入れられた。山さんと彼の奥さんとの「愛」に満ちた夫婦生活、刑事としての際だった推理力などは視聴者の喝采を博した。これも露口の計算しつくされた演技力のたまものだった。

　この「山さん」という役柄については、よく露口と議論を戦わせたものである。我々にとっては、「山さん」は実在の人間のように思われた。それだからこそ、その性格をめぐって露口と我々プロデューサーサイド、そして小川英を始めとするシナリオライターの三者でなかなかイメージが一致しなかったのである。

　ふつうはお互いどこかで妥協してしまうのだが、露口も我々も、そしてシナリオライターも、決して安易に妥協はしなかった。我々は何度も何度も激しい話し合いを続けた。それは辛いことでもあったが、今にして思えば、お互いがあれほどの努力をしたがゆえに、山さんはまさに生きた人物となり、視聴者から愛される人物になることができたのだ。私はそう確信している。

　ドラマの中の人物を、あれだけ厳しく吟味して作りだしたことは、私にもかつてない経験であった。

私も「しつこさ」では他人に負けることはないと自負しているが、それに負けないくらい真剣に議論を戦わしてくれた露口と今は亡き小川に、心からの敬意を表したいと思う。

成長した山さんのキャラクター

山さんも、十五年も経つとその中で成長とも呼べる人間的変化を遂げていった。最初のころは、若き山さんで、正義感が強く情熱的だった。それが後半になると、持ち前の推理力と洞察力を駆使して難事件を解決するベテラン刑事に変身していく。

その間に、奥さんには死なれてしまうし、大切な部下の殉職に何回も付き合わされてしまう。

刑事なるがゆえに、ふつうの人の何十倍も人の幸せや不幸に遭遇しなければならない。人間が変わっていったのももっともなことと思う。

私は、この両方の山さんがともに好きだが、しいてどちらかと問われれば、前半の山さんがたまらなく好きだと答えるかもしれない。

今でもその頃の山さんの活躍を頭の中にハッキリと思い出すことができる。

第二話『時限爆弾　街に消える』の爆弾事件で、爆弾を仕掛けた場所を犯人から聞きだすために忍耐強く犯人のいいなりになるのだが、いざ爆弾の近くにたどり着いたと判断するや一転してもの凄い形相で犯人につかみかかっていく。この時の露口の迫力ある演技には、全く圧倒された。

第二三話『愛あるかぎり』の奥さんを人質にとられた事件では、奥さんの命を守るために犯人のいいなりに泥の中に落ちたリンゴを食べてしまう。その場面で露口は本当に泥だらけのリンゴを口にして、奥さんに対する深い愛情を表現し、感動を与えてくれた。この後、第二〇六話『刑事の妻が死んだ日』の劇中で奥さんが亡くなるシーンにいたるまで、いくつもの素晴らしい夫婦愛の物語を作ることができた。そればかりでなく、この山さん夫婦の物語の成功によって初めて、長さんの家庭の話やロッキーとマミーの新婚風景などをこのシリーズの中で描くことができた。「刑事もの」の中で『太陽にほえろ！』ほど刑事の私生活を描いたシリーズはないと自負している。

そして、なんといっても忘れられないのが視聴者のアイディアで生まれた第七九話『鶴が飛んだ日』である。犯人の悪だくみで麻薬中毒にさせられてしまった殿下の体から麻薬を抜く話だ。

山さんは殿下と手錠でつながれ、殿下の苦しみを自分のものとして味わうという

「愛」に満ちたストーリーだったが、撮影中は露口も小野寺も手錠で手首を血だらけにして熱演してくれた。

このエピソードは、ゴリさんの「拳銃に弾丸を込めない」という設定とともに『太陽にほえろ！』の企画の基本姿勢を体現するものとなった。「他人の苦しみを、自分のこととして受け入れよう」という究極の「愛」。そのことをこの時に、『太陽にほえろ！』のテーマとして我々は選択したのだ。

後半の山さんの活躍の原点ともなった作品は、第四一話『ある日女が燃えた』にはじまる「対決シリーズ」である。この話以降、山さんは数々の犯人と一対一の対決をし、あたかも完全犯罪のごとき事件を解決していくという、大人の鑑賞にも耐えうる「刑事ドラマ」を作りだしてくれた。

そのおかげで『太陽にほえろ！』の視聴者の幅が大きく広がり、四十％という高視聴率を獲得することができた。なかでも第一六三話『逆転』で、犯人役の西村晃と丁々発止を繰り広げ、ほとんど一時間、「取り調べ室」だけで話をもたせてくれた時はまさに圧巻だった。

これも、露口の手抜きのない演技力のたまものと思う。

自殺を防いだ山さん

我々は、そんな露口の演技力に頼って面白い試みをしてみた。

それが第三〇一話『銀河鉄道』だ。

この話を放送した当時、なぜか少年少女の自殺が流行り、大きな社会問題となっていた。そこで我々は、メイン視聴者である少年少女達に向かって「自殺なんかしてはつまらないよ」と訴える話を作った。

放送終了後、視聴者から「自殺を思いとどまった」という手紙を受け取って、大変嬉しく思ったことを覚えている。

余談になるが、ほかにも耳の聞こえない人達を勇気づける話や、盲学校の少年達の、思いのほか元気な姿などを取り上げたこともある。これだけの視聴率を頂いているわけだから、せめて何か社会のお役に立つことをしたいと思ったからである。

山さんに感謝

露口の『太陽にほえろ！』での役割は「現場の長」というものだった。

現場に赴き、部下を事件を解決する役どころである。それが、石原の病気というア

第一六三話『逆転』より。

クシデントから、やがて石原の役どころである全体の管理職の役割までこなさなければならなくなってしまった。

不思議なもので、企画の時に設定した役割というものはなかなか変更しにくい。そのために、シナリオ作成中にも大変苦労したが、それを演じる露口はそれ以上に苦労されたことと思う。

にもかかわらず、露口は嫌な顔ひとつせず、その役目を果たしてくれた。

この気持ちこそが「太陽チーム」の良さであり、番組をあれだけ長く続けられた原動力であったと思う。

第六章　三代目「ジュン」と新人教育

より多くの人々に

視聴率が三十％を超えるようになってくると、企画当初のように若者だけを対象に番組を作るわけにはいかなくなってくる。これだけの視聴率を稼ぐためには、四十〜五十代の視聴者にも喜んで見てもらわなければならない。ということは、山さんの章でも述べたとおりだ。すると、おのずと番組のカラーも丸くせざるを得なくなってしまった。

当時の若者達が、若者特有の特権としていた長髪ジーパンの姿にも拒否反応が出てくるし、権威を否定し、既存のモノを痛快に破壊さえすれば、満足してくれるというわけにもいかなくなる。

「あんな髪の毛の長い刑事はいない！」とか、「あんな危ないことをすると、子供がマネをするから困る！」とか、苦情がしだいに寄せられるようになってきた。

そこで我々は、ジーパンの後の新米刑事には、大人からも快く受け入れられるタイプの若者をキャスティングしようと、劇団の研究生やレコード会社、プロダクションの新人などに片っ端から面接を試みた。しかし、当時の若者はみな長髪で、ジーパンのマネをしているとしか思えない恰好をしている者ばかりだった。面接を受けに来る人も、ジーパンの後釜だと思って来るわけだから、なおその傾向は強くなる。

そうこうするうちに、時がどんどん経ち、優作と約束した一年の出演期間が切れそうになってしまった。

目が素晴らしく綺麗な男

ちょうどそんな時だった。勝野洋が現れたのは……。

当時、彼は劇団『雲』の研究生だった。そこのマネジャーで、私が絶対の信頼をおいている田上が、「目のとっても綺麗な生徒がうちにいますよ」と連れて来てくれたのが彼だった。

会ってみると、髪の毛をスポーツ刈りにして清潔に整え、いかにも誠実そうな青年だったのでひと目で気にいってしまった。他のスタッフもみな、何の躊躇もなく彼をキャスティングすることに賛成してくれた。〝テキサス〟というあだ名もすんなり決まったように記憶している。

役名も、彼を紹介してくれた田上に敬意を表し、「上」という字を一字もらい、マカロニの「淳」、ジーパンの「純」に続いて三人目の「ジュン」という意味で「三上順」とつけた。

従順の「順」だ。

ネーミングへのこだわり

『太陽にほえろ！』では、キャラクターの名前にはさまざまな趣向をこらしている。勝野の次に入って来た宮内博史には芸名として「淳」という名前をつけたし、役名は「田口良」。そのまた次の新人刑事の芸名が木之元亮。役名が「岩城創」。山下真司の役名が「五代潤」、渡辺徹の役名が「竹本淳二（淳の二代目という意味）」。世良公則が「春日部一」、西山浩司が「太宰準」等々……。つまり、ジュン、リョウ、ハジメなどという一字の名前を意識的に使ってみたのである。ちょっとしたお遊びというところだ。

さて、名前が決まるとジーパンの時にならい、『太陽にほえろ！』にテスト出演することになった。

藤岡琢也が主演する第八九話『地獄の再会』。彼は、藤岡の演じる鮫島刑事に可愛がられている新米刑事で、ファーストシーンに出て来ていきなり撃たれて殺されてしまう役だった。

ほとんど五分ほどの出番しかなかったが、その中で彼は、優作と同じように鮮烈な

テスト出演となった第 89 話『地獄の再会』より。

印象を我々に与えてくれた。

テキサスの誕生

撃たれて倒れる時、ふつう役者は怪我を恐れて、膝からくずれ落ちるとか、手をついてから倒れたりするものだが、彼は全く立ったままで硬直したように倒れたのだ。

「柔道をやっているから大丈夫です」と、何事もなかったかのようにそのシーンをこなしたが、見ていた我々のほうは驚いてしまった。

ベテランの藤岡も「おい大丈夫か？」と本気で心配したくらいだから、本当に凄かったと思う。彼の売り込みは、この柔道で鍛えた「肉体」だった。

我々ももう「芝居」なんてどうでもいいから、このスポーツで鍛えた「肉体」と「集中力」で勝負しようと思った。

しかし、そうは言っても彼の場合、ショーケンや優作と違ってお芝居の経験が全くなかったわけだから、彼も現場も実に大変だった。シナリオ作りにおいても、彼のセリフに関しては彼が喋りやすいように一言一言チェックしたし、現場でも竜雷太が事前にセリフの読み合わせをしてくれた。

こんなふうに「太陽チーム」全員が、彼をスターに育て上げようと一生懸命に努力してくれたのだ。これも、彼の人柄の良さと熱心さにみながほだされた結果であったのだが、こんな「太陽チーム」の一員として仕事ができたことを、私も誇りに思う。

新人刑事の条件

勝野の成功で『太陽にほえろ!』の新人採用に関するいくつかのルールができた。劇団の研究所育ちで、そこの勉強会の出席率の良いこと（熱心さ、根気良さ、忍耐強さがあるという意味で）、同僚の評判の良いこと。身長一八〇センチ以上。独身、スポーツマン、時代の変化に合った風貌などなど……。そして、この条件に合った新人俳優として、この番組は、宮内淳、木之元亮、山下真司、渡辺徹、又野誠治と多くの俳優を生み、育てていった。この俳優達が、私にとっての可愛い息子であるような気が今でもする。

勝野洋のこと

話を勝野に戻そう。

彼が『太陽にほえろ！』に入って来て、初めての犯人逮捕のシーンを撮影した時のことである。彼の柔道初段の腕前を売りたかった我々は、アクション全般を、それまでの「殴り合い」を主体にしたものから、「投げ技」を中心にしたアクションに切り替えた。

すると、そのシーンを撮影した監督から「彼の投げ技はあまりにも早過ぎる上に小さ過ぎて、絵にならないよ」という苦情が舞い込んできた。確かに絵を見ると迫力や豪快さが感じられない。

この方が本当の投げ技なのだとは思うが、テレビではもっとゆっくり、大きく投げたように見せないといけない。

「ほんとらしく」見せるためには時として「ウソ」もつかなければならないのだということをつくづく実感した。

ここで、勝野の人柄の良さがわかるエピソードを披露しよう。『太陽にほえろ！』の名物となった、ファンを招いての新人刑事の殉職劇を上映するイヴェント、通称「葬儀」を行った時のことだ。

「葬儀」が無事終了し、私が会場を出ようとした時、先に出て行った勝野が急に会場に引き返して来た。そして、置いてあった花束の山をひっかき回しはじめたのだ。「どうしたの？」と聞くと、「葬儀」に参加できなかったファンが花束を持って来てくれて、もう三時間も会場の前で待ってくれていると言うのだ。

彼は、その表で待つファンにもらった花束を探していたのだ。彼はその花束を持って、さりげなく、それをくれたファンの前を通り抜けて行った。それが勝野のファンに対する精一杯の誠意だったのだ。

この時の勝野は何十という数の花束をもらっていたが、驚くことに、彼はそのひとつひとつの花束を誰からもらったかを覚えていて、心から感謝していたのだ。なかなかできないことと感心したのを覚えている。

テキサスの最期

彼の殉職劇は壮絶なものだった。拳銃を密造していた犯人を追ってアジトに乗り込んだテキサスが、その密造拳銃を外に持って逃げようとした犯人にたったひとりで立ち向かい、全身に数十発の銃弾を受けながらも、仲間達が駆けつけてくれるまで頑張るという話だった。

まさに「弁慶の立ち往生」だ。

これを見た視聴者から「あんなに弾を撃ち込まれて死なないのはおかしい」などとご批判も頂いたが、我々には、彼の性格を最もよく表現したシーンとして今も心に残っている。

ショーケンの時も、優作の時も、彼らの性格を最も良く表現するために、それぞれの殉職劇を準備したのだが、テキサスの殉職劇第二一六話『テキサスは死なず！』も前二作に勝るとも劣らない会心の出来であったと自負している。

密造拳銃が世の中に出て、多くの善良な人達の命を奪うことを思うと、テキサスは警官として、犯人達の逃亡と、銃の拡散をどうしても許すことができなかったのだ。

テキサスは強い男だ。やられても、やられても立ち直って敵に向かっていく勇気と力を持った男だ。そんなロマンを乗せて、我々はこのシーンを創りあげた。勝野は、そんな我々の願いを見事に具現してくれた。その上、彼は我々が期待した以上に「他人に対する優しさ」までを見せて、このシーンを演じ切ってくれたのだった。

結実した夢

わずか二年前までふつうの大学生だった彼が、役者としてここまで成長してくれたことは、我々にとって驚くべきことだった。

竜雷太が、新人刑事登場の道筋をつけてくれたとすると、勝野はそんな我々の期待を現実のものに結実してくれたわけだ。彼以後、我々は自信をもって「新人」を番組に登場させることができるようになった。

勝野は『太陽にほえろ!』にとって、まさにその申し子といっても差し支えないほどのスターになってくれた。視聴率的にも、彼の時代に初めて四十%を超えたし、彼の殉職劇は『太陽にほえろ!』最高視聴率の四十二・五%(ニールセン調べ)を記録した。

テキサスの時代。それが『太陽にほえろ!』の最盛期だった。

新人刑事は未来の大スター

『太陽にほえろ!』成功の陰には、このように新人刑事の、公私を問わずの成長が大きかった。もちろん、我々もスタッフ、キャスト一丸となってそれをサポートした。

文字通り、昨日まで無名の男が今日からは有名人になってしまうのだから、本人はその変化に対応するのがやっとの状態だ。

まず住むところが変わる。風呂もトイレもないようなボロアパートから、バス・トイレ付きのマンションに住むようになる。といってもそれは所属プロダクションが借りてくれるわけで、出世払いの借金ということになる。

だから早い話が「銀座の女」と同じで、ママから借金して拘束されるような感じだ。それが非常にかわいそうといえばかわいそうだった。

さらに生活環境がガラリと変わる。とにかく、ひとたび出演作が放送されただけで、今までとまったく変わってしまうのである。

それに付随したストレスみたいなものがやがてたまってくる。「常に人から見られる」という経験が全くなかったのに、放送されたとたん、やたら他人がじろじろ見るし、噂をするようになる。

特に、勝野のような全くの新人の場合はそれが大きかった。ショーケンのようにもとからの大スターであれば話は別だが……。

新人育成術

では、ここで我々の新人育成術を説明したい。

我々はまずサインを作らせることからはじめた。なにしろサインの数が凄いのだ。毎日百枚くらい色紙を書かされるのはザラだった。いちいち堅い字で書いていたら時間かかってしょうがない。だから、一筆で書けるようなものを作らせなければならない。そこでサイン作りの専門家にお願いしてサインを作ってもらうというわけだ。

新人刑事を使う時に一番気を遣ったのは、自信を持たせることである。

彼らはだいたい下積みから入るわけだから、右を見ても左を見てもみんな偉い人ばかりで、ややもすると卑屈になりがちである。しかし、新人とはいえ、ドラマの中心人物になるのだから、もっと自信満々でいてほしい。彼らに自信をつけさせることを、まずなによりも念頭に置いた。

今やそれまでの俳優養成所の生徒ではなく、すでにスターなんだということを彼らに意識させるようにした。だが、これが結構難しいのである。

たとえば、タクシーに乗る時にも、我々スタッフや先輩達に「どうぞ」と彼は先を譲る。だが、我々はそこで絶対に彼を先に乗せるよう心懸けた。どこかの事務所を訪問しても、最初のうちは私に真ん中の席をあけ、自分は横に座ろうとするが、むりやり彼を真ん中に座らせて私が横に座る。そんなところから意識改革を始めるのだ。

いまひとつは、彼らの趣味嗜好を一流のものに変えることだ。貧しい劇団員だった彼らは、おそらく屋台や町の居酒屋といったところでしか呑んだことがないはずだ。それを、ホテルなどの一流志向に変えていかなければいけない。

というのも、インタビューなどの対外的な取材を受けた時のことを考慮した場合、少なくともサラリーマンと同じレベルの生活をしていないと「スター」としての対応ができないからだ。

周囲が、そんなふうに彼らの生活を変えていくことで、本人もしだいに自信がついてくる。そうやって、きのうまでは一介の貧しい劇団員にすぎなかった彼らは、スターの風貌を手にしていくのである。

「ゴリさん」は新人教育係

ここで問題がひとつ出てくる。

彼ら新人には「撮影現場での心得」が全然わからない。その辺を今度は個人的に誰かに指導してもらわなければならない。

そういうことを一番よくやってくれたのが竜だった。

撮影所に来たら先ず全員に「おはようございます」という挨拶を忘れずに言う。あくまで私生活では腰は低く、画面に出たら胸を張って演技に臨むという、そういった気持ちの「切り替え」を竜が細やかに指導してくれた。

また、ゲストで来た児童劇団出身の俳優の方が経験豊富だったりした時など、その俳優に主導権を奪われる可能性もある。これでは主役が死んでしまう。

そんな理由から、児童劇団などから呼ぶ人間は非常に厳選した。ヘタに場数を踏んでいる俳優が来ると、主役の方がいじけてしまうこともあるからだ。呼ぶ場合は、あくまでもその俳優にこう言いふくめる。

「君の後輩にあたるけれども、君はあくまでも脇で彼（新人）が主役なんだから、彼をたててやってくれ」と。

そんなぐあいだから、ゲストにも非常に神経を遣ったのを覚えている。

そういう意味では、水谷豊や剛達人（現・たつひと）らは非常によくやってくれたと今でも感謝している。

第七章　岡田流ドラマ作りのポリシー

「プロデューサー」とか「ディレクター」とかいう言葉をよく耳にする。だが、その区別が一般の人にはあまりつかないようだ。

ここでは「プロデューサー」という仕事について簡単に説明してみようと思う。

プロデューサーというのは、お金勘定とか、スポンサーとの打ち合わせ、視聴者との交流を行う業種であり、ディレクターとは、現場で画面作り、編集、俳優への演技指導などを行うのが仕事である。従って、プロデューサーは視聴率を気にし、ディレクターは芸術性を追求する。そんな役回りになる。

ただ、ここにドラマを作る上で最も必要と思われるシナリオ作りの作業を、どちらが主導権を持ってするかという問題が常に起こる。

映画の場合とテレビの場合では、考え方が多少違うかもしれないが、少なくとも私の場合は、七：三の割合で、その作業を、プロデューサーである私にまかせてもらっている。誤解のないように、ひとつ断わっておくが、シナリオはあくまで脚本家のものので、私達プロデューサーやディレクターは、その相談にのるに過ぎない。

その打ち合わせの中で、ドラマの方向性やテーマを決める上で、誰がどのくらいリーダーシップをとるか、という話である。私の場合、企画書も自分で書く。自分がどんなドラマをやりたいかをつきつめて考えるためだ。私の後輩のプロデューサーにも、企画書は自分で書くことを勧めている。

ディレクターや脚本家に企画書を書かせるプロデューサーもいるが、そういうプロデューサーを私は認めない。

特にテレビの場合、ひとりの人間がシリーズの全作品をディレクティングすることは時間的に無理である。しかし、プロデューサーならそれができる。必然的に、テレビではプロデューサーが自分の番組の最終責任を負うべきであり、企画から放送までの全ての作業の中心になるべきなのである。

『太陽にほえろ！』において、私はそんな立場をとった。

陰の仕掛人

とはいえ、『太陽にほえろ！』の成功が私ひとりのものであるなどというつもりは毛頭ない。

プロデューサーというのは、野球のオーナーのようなもので、作品の中身には直接なにも参画できない。撮影が開始されたら、もう手も足も出ないのだ。ディレクターである監督に、全てをまかせるよりほかにないのである。

要するに、実際に視聴率を稼いでくれるのは監督なのである。その点では、プロデューサーは全く無力であるといっていい。

『太陽にほえろ！』が成功したのは、私が幸いにも素晴らしい監督に巡り合えただけのことに過ぎない。今でも、そんな監督諸氏に感謝している。

それでは、「プロデューサーなんてつまらないじゃないか」という声が聞こえてきそうだ。

責任だけとらされて、手柄は監督や出演俳優に持っていかれる。プロデューサーとは損な役回りではないか。確かに、外から見ればそう感じられるかもしれないが、一歩踏みこんで中に入れば、なかなかやりがいのある職種である。「陰の仕掛人」というところだろうか。

とにもかくにも私は、「プロデューサー」という仕事がなにより好きだ。脚本家をごまかし、監督をのせて、自分の創りたいものを作り上げていく。この過程がたまらなく面白いのである。

ましてや、その作品が『太陽にほえろ！』のように大ヒットした時など、まさにプロデューサー冥利につきるというものだ。

プロデューサーのシナリオ技法

我々プロデューサーが、脚本家に何を期待するかというと、やはり視聴率のとれるシナリオを書いてくれることだ。

当然、『太陽にほえろ!』のシナリオ作りでも私はこの観点から脚本家に多くの注文をつけて、あの好結果を生んだのだ。

私が、毎日曜ミサを捧げに行く田園調布教会の天井には「信・望・愛」という字が大きく書かれている。これは「神を信じ、神に望みを抱き、神を愛しなさい」という教えを記したものなのだが、不謹慎にも言わせてもらえば、ドラマの世界でもこの三つの教えは当てはまる。

もともと「ドラマ」自体が、宗教の教えを広めるために発達したものだから、歴史的にいってもこれは正しいことだと思う。おそらく人間は、「何かを信じ、何かに希望を抱き、誰かを愛する時」、それぞれ底知れぬ感動を感じるのである。

『太陽にほえろ!』でもこの「信・望・愛」をテーマの中心に据え、「信頼すること、希望を抱くこと、愛すること」を常に訴え続けた。

刑事が、一見ひどい悪人でも、その犯人を信じる時、思わぬドラマが生まれる。一方、不運に見舞われて立ち上がれなくなった若者には、希望を捨ててはいけないと説く。また、刑事は強い権力を持っているわけだから、弱い人間に対する「愛」を持たなければ視聴者には受け入れられない。

この三つの感情「信・望・愛」はシナリオ作りにおいて、いつも基本に置かれているものだった。

無償の行為と少数派の勝利

私にシナリオのなんたるかを教えてくれた先輩はたくさんいる。

なかでも、東宝のドル箱監督といわれた千葉泰樹（※15）と、同じく東宝の戦争映画の大作を何本も書かれた須崎勝彌のお二人からは非常に多くのものを学んだ。

千葉先生（ここではそう呼ばせてもらう）は「ドラマで一番感動を呼ぶものは無償の行為」とよく言われていた。

人間は、自分の利益を追求するために行動を起こす。言い換えれば、利益を求めない行動というのは非常に珍しいものだ。おまけにその行動が、誰か他人を幸せにするような場合、人はその行動を賛美し、感動するのだ。

須崎は、「少数意見に正義を見出すストーリー」をよく作られた。これも、ドラマ

犯人の脅迫によってボスに銃口を向ける山さん。二人の確固たる信頼関係も描かれる第四五三話『俺を撃て！山さん』。

を成功させる極めて素晴らしいテクニックといえる。

民主主義の世の中では、常に「多数に正義」がある。だからこそ少数の意見に光を当て、その少数意見が当初の多数意見を覆す時、人の心に感動を与えるのだ。

私はドラマのストーリー作りにおいて、いつもこの二つの教えを利用させてもらった。そのことで、数々の感動的なストーリーを作り出すことができたのだと思っている。

ストーリーを展開していく時、私がいつも念頭に置いていたことは、何よりも主人公の人生を書かねばならないということだ。

しかも、その語り口をより面白くするためにはその人物の「人生の岐路」を描くことである。

視聴率のとれるドラマの主人公は、必ず二者択一を迫られている。「自分は、どっちの道を選んだら幸せになれるのだろう」という悩みに主人公を追い込むことが、ドラマで成功する一番の早道だろうと思う。

さらに、この二者は、主人公が「両方とも欲しいものだが、どちらかひとつしか手に入らない」というものでなければならない。

わかりやすい例としては、「自分の仕事で成功するため、あるいは、自分の夢を実現するためには、愛する女性と別れなければならない」というもの。「危険な場所で、逃げださなければ命が危ないけれど、逃げてしまっては今までやってきたことがみんな水の泡となってしまう」といったものも挙げられる。

この場合、一般的に言って「損する方」を選択すると視聴者の感動は倍加する。

これも「無償の行為」の一種であり、「少数派の勝利」でもある。

とくに「青春もの」では大体、男と女の話になるわけだから、必ずといっていいほど、この恋を邪魔する大きなモメントを設定する必要がある。そして、このモメントは社会的な広がりがあった方が視聴者の共感を得やすくなるのだ。

難しい「偶然」の使い方

ドラマを作る時、ファーストシーンと、ラストシーンをどうするかが議論になる。この二つのシーンにおける主人公の感情の変化が大きければ大きいほどドラマは面白くなるからだ。

「青春もの」ではとくにこの二つの設定が大切で、その間の成長過程がドラマとなる。

私はよく、最初にラストシーンを決めてから、その全く反対の状況をファーストシーンに設定した。これがドラマの基本だと思うが、あまりハッキリし過ぎると視聴者にドラマの先を読まれてしまい、チャンネルを変えられてしまう。視聴者に読まれないようなアンチテーゼを考えなければならない。

視聴者に先を読まれない方法としてのみならず、番組の長さによる制限に合わせるために「偶然の出来事」というものを設定する。これはある意味では、いたしかたないことのようにも思われるが、私はあまり好まない。特に「推理もの」の場合、この「偶然」の使い方を間違えると、作品が安っぽくなってしまう。リアリティの面から見ても不自然なのである。

だから、現在のドラマ作りでは、この「偶然」の使い方の匙加減が番組を成功させる鍵になっているのだ。

一般論で言わせてもらうと、ストーリーの最初のころは苦しくても偶然を使わず、最後のクライマックスで思い切った使い方をした方がいい。視聴者の心理からすれば、ドラマの最初の方はかなり客観的に見ているので、こういう欠陥に敏感に反応するが、ドラマが盛り上がってくると感情が高ぶってきて、かなりの無理な「偶然」も許してくれるようになっている。おそらく、主人公に感情移入している視聴者もそういう偶然が起きてくれることを望んでいるからなのだろう。

番組を支えた三つの掟

最後に私が掟としている三つのことを紹介しよう。

一つは、「夜と回想はできるだけなくす」ということだ。

テレビの場合、安く、早く撮る必要がある。しかし、夜の撮影は金もかかるし時間もかかる。第一、人間の一日の適性労働時間は八時間となっている。それ以上働くと、どうしても神経が鈍くなる。

また、夜ではいくら光を当てても映らない部分が出てくる。

『太陽にほえろ!』で「昼間のアクション」を考えだした一番の理由はこうしたこと

からだ。

回想も、時間のテンスを変えるわけだから、ながら族の視聴者には分かりにくくなってしまう。演劇の世界でも「三一致の法則」というのがある。古典では、場所と時間と筋をひとつにすることを要求している。

テレビの世界では回想をやめ、いつも現在進行形でドラマを進めていくのが大切なことなのだ。

小説の世界では、読者の想像力で過去を感じさせることができるが、テレビドラマでは具体的に役者が演じなければならない。四十歳の役者に二十代のエピソードを演じてもらうのは無理だ。子供時代を描くとなると、子役が演じるわけだから、どの子役が主人公の子供時代を表したものなのかわからせるのが大変だ。『太陽にほえろ！』でも、この点に関しては非常に気をつかった。

二つ目として、状況を説明する場合、まず「柱（設定されるシーンの場所）」でわからせて欲しいと注文を出した。「柱」で説明できないものは「ト書き」で、それでもダメな場合だけセリフで説明するのもやむを得ないと考えた。セリフで知らせるのが一番てっとり早くて楽なのだが、ドラマになった時、その部分が視聴者に一番飽きられやすい。それに、セリフで言われても頭に残らないということもある。

そして、三つ目は「自分の家族に見せたくないものは、視聴者にも絶対に見せてはいけない」という掟だ。ドラマでは見るに堪えないようなシーンを設定しておいて、自分の妻や娘には見せないというのは、どうもアンフェアだ。『太陽にほえろ！』では、特にこの点に留意した。

殉職劇以外では、なるべく「血」を見せないようにしたし、犯罪現場や暗い暴力シーンは排除した。セックスをにおわせるような画面も一切出さなかった。

繰り返しになるが、ドラマは、家族全体が一緒に見てくれないと視聴率は上がらない。親が子供に「見てはいけないよ」というような番組は絶対に視聴率的に苦戦する。『傷だらけの天使』を作った時、放送が土曜日の深夜（当時は十時以降はこう思われていた）だったこともあって、かなりきわどいセックス描写を入れたが、当初の視聴率はシングルだった。『11PM』は裸を出すと視聴率が上がるという時代だったが、ドラマではこのようなセックスシーンは敬遠されてしまった。

私は、自分の経験からこの三つ目の掟を守り続けた。特に『太陽にほえろ！』では、大勢の青少年が見てくれていたこともあって、この掟を忠実に守った。

テレビドラマの役割

僭越ながら、私は番組を作っている時、この番組が青少年達にとって楽しみながら良き大人へと脱皮していく道しるべになってほしいと願っていた。

私の父の時代には『少年倶楽部』という雑誌があって、この本を心躍らせて読みふけりつつ、知らず知らずのうちに情操教育を受けていたそうだ。

私の時代には『キンダーブック』というものがあった。子供のころ、よく読んだものだ。

しかし今の世の中には、こういう人生を教えてくれる読み物がない。

と、いうよりすっかり本を読まなくなってしまった現在の子供たちが喜んで見てくれるのは七時台、八時台のテレビだ。だからこの時間帯に放送する番組は、否応なくこの任務を背負わなければならないと思う。

実は、この考え方は私のものではなく、前述の千葉先生が諭されていたことだ。千葉先生はシナリオ作りの時、いつもそのことを意識しておられた。これは大切なことであると思う。

以上が、『太陽にほえろ!』をはじめ、私がドラマを作る時にいつも考えていたことだが、これからプロデューサーを目指す若い諸君にぜひ、この拙文を参考にしてもらいたいと思う。

ちょうど今から六年前、私が日本テレビの芸能局長から営業局長に移る時に、かつて制作局のドラマ班の後輩たちのために書いたメモが出てきた。これを参考として、この後に記すこととしよう。

少し時代が変わっているので古くなっているかも知れないが、芯になっているところは今でも通用すると思う。どうか一度読んでみてほしい。そして、その真意をくみとり、何かの参考にしてもらえれば幸いだ。

「わが親愛なるドラマ班の皆様へ」

なまじ、私がドラマ出身だったためについ色々と口出しをし、嫌な思いをさせてしまったかもしれませんが、私にとっては結構楽しい一年半でした。常時20％をとれるドラマ番組を作りだせなかったのは残念でしたが、確実に作品は良くなっています。これも皆さんの毎日の努力のお陰と感謝しています。有り難うございました。さて、私が去るに当たって、懲りずに一言皆さんに残していきたいと思います。また局長が昔のことを持ちだして、時代遅れのざれ言をいっていると思わずに、真剣になって読んで欲しいと思います。私の意見をいれるもいれないもあなた方の自由です。しかし、「あぶない刑事」を作り、「年末時代劇」を作った人間の考え方と思って、何かの参考にして下さい。そうしてもらえれば、私が１年半、芸能局長を勤めた甲斐があったというものです。

１　企画を考える時、ストーリーで考えず、魅力ある人物像を作り出すことを、しかも複数のそのような人物の組み合わせを、まず第一に考えて欲しいと思います。このような魅力ある人物（現代の視聴者にとって）を設定することができれば、必ず面白いストーリーができ上がります。ひとつのシーン、ひとつのエピソードが先行すると、どこかに無理かウソが出て来てしまいます。今、視聴者は「ほんもの指向」です。まず、登場人物の詳しい履歴書を作成し、その上でドラマを作り上げて欲しいものと思います。

２　ウソのつき方。心情的なこと、あるいは常識的なことなどではなるべくウソはつかないでください。そのための多少のストーリー上の工夫はかえって番組を面白くします。視聴者がどこまでウソをゆるしてくれるかを見極めることがドラマを当てる秘訣だと思います。

３　偶然の使い方。これも前の問題とともに大変難しいことと思いますが、ぜひ研究してその〝こつ〟をつかんでください。一般的に言ってダンドリの偶然はダメで、感動を伴う偶然は良しと言われていますが、これは紙一重です。脚本家の鎌田（敏夫）

氏は、かつて私に「前半はきわめてリアルにドラマをすすめ、最後に一度だけ思い切った偶然をもってくるのが、今のテレビドラマを当てる秘訣だ」としみじみ言ったことがあります。そんなことが、この問題の正解なのかも知れません。

4　夢の描き方。ドラマというものは、もともと現実の出来事ではないのですから「夢」を描くのが、当然のごとくその目的でしょう。しかし、今のドラマにはそれがなさ過ぎるように思われます。今日のように泰平の世の中になると、人は「夢」を求めるものです。制作者自身が大きく魅力ある夢を抱くことが、そして、自分の制作するドラマにその夢を盛り込むことが、今、大切なのだと思います。

昔、「ドラマは起承転結からなる」とよく言われたものです。今は、この中でも、転の部分がもっとも大切ではないかと思います。この「転」、すなわち登場人物の存在する世界、あるいは状況を変えることが、しかも上手く変えることが、ドラマの成功か不成功かの別れ道になっているような気がします。

この辺から、少し説教めいてきますが、私が年をとった証拠ですから我慢してください。今の皆さんに、私としては、二つの注文があります。ひとつは、観過ぎではないかと思われるくらいの頻度で、芝居、映画を見てください。とくにアメリカ映画は、非常に参考になると思います。どんどんと、すさまじい勢いで世の中は進歩しています。これに追いつくためにも、絶対に必要なことと思います。そして、もうひとつはシナリオライターの資質を見抜き、適材適所に使いこなすことです。テレビのドラマを見てください。

ドラマとは、一口に言うと、登場人物の行動に託して制作者の主張を述べることだと思います。主張といっても、変なイデオロギーをもったものではなく、単なる制作者の企画意図や、夢を指します。あまり難しく考えることもありませんが、この「主張」だけは、忘れずにもっていてください。

いたちの最後っぺのようなことになりましたが、私としては、純粋に我が日本テレビのドラマが、テレビ界をリードするようになってもらいたいのです。私の経験からしても、あのドラマを見て、人生を考えたとか、あのドラマから人生を学んだとか言ってくれる若い人が現われた時、何とも言えない幸せを感じました。皆にも、ぜひ、そんな経験を味わってほしいと思うのです。

Ｉ・６・５　岡田晋吉記（以上、原文のまま）

※15　千葉泰樹

昭和を代表する映画監督のひとり。昭和三（一九二八）年に「阪妻立花ユニヴァーサル映画社」に入社して助監督を務めた後、河合映画に転じ、『蒼白き人々』（一九三〇）で監督デビュー。やがて、南旺映画、大映を経てフリーとなり、昭和三一（一九五六）年より東宝の専属監督となる。以後、『へそくり社長』『好人物の夫婦』『がめつい奴』『大番』などの作品を発表。テレビでは『青春シリーズ』の監修などで活躍した。昭和六〇（一九八五）年没。

第八章　『太陽』を陰で支えた立役者たち

『太陽にほえろ！』の成功の表の立役者が石原裕次郎であるとすると、陰の立役者は小川英ということになる。

テレビドラマの場合、高視聴率を獲得するためには良い脚本家にめぐり合わなければならない。脚本は設計図だから、その善し悪しで、完成品である作品の価値が八十%は決まってしまう。

『太陽にほえろ！』では特に、この脚本に重点を置いて番組を制作していた。脚本が完成するまでの作業は、おそらく通常の番組の三倍以上だったと自負している。

それも、小川が脚本改定の労を惜しむことなく、良い台本を作るために根気よく対応してくれたお陰だ。

脚本直しは一日おきくらいに小川の家で行われ、その度に夜中の二時、三時になってしまった。

我々プロデューサーは注文をして帰ってしまえばいいわけだが、小川はそれから台本を直さなければならない。一体、小川はいつ寝ていたのだろう。

この、小川の少しでもシナリオが良くなればという思いと、労を惜しまない真摯な姿勢に頭が下がった。より良い作品を生みだすために、いかなる努力も惜しまないということが「もの作り」の基本姿勢なのだとつくづく思った次第だ。

脚本の魔術師、小川英

小川は脚本直しの天才だった。下書きの脚本家の意をくんで実に見事に脚本を整理してくれた。

なかには小川のことを「あの人は自分で書かないから……」と非難する人もいる。しかし、小川は自分で「書けない」のではなく「書かない」のだ。その方が、よりバラエティに富んだ脚本が生まれるし、内容も客観的になって面白いものになる。『太陽にほえろ！』を作っていた時、我々はもうみんな四十代だった。しかし、視聴者はみんな十代か二十代である。

この若さを、下書きをしてくれていた若い脚本家からもらっていたのだ。「シリーズの統一性」という点から見ても、ひとりの脚本家で全作品を書くことはできないわけだから、小川方式をとらないと、全作品にタッチすることはできない。後で知ったことだが、アメリカのテレビ映画の作り方もこの方法をとり、成果を挙げているとのことだった。

小川の家での台本直しは、大変な激論になるのが常だった。しかも、その内容は「どうやって人を殺すか」とか「どうやって金庫の大金を盗みだすか」といった物騒なものばかりだった。

『太陽にほえろ！』の台本直しは業界でも有名で、新宿の喫茶店で朝六時ごろに殺すとか殺されるとか大声で打ち合わせをしていたところ、近くを縄張りとするヤクザから「どちらの組の方ですか？」と問いただされたという逸話があるくらいだ。

こんな打ち合わせを繰り返していた当時、小川家には大学受験を控えた息子さんがいた。我々が口角泡を飛ばして激論している隣りの部屋で勉強していたのだから、さぞや気が散って勉強に手がつかなかったのではないかと思っていた。しかし、我々の心配をよそに小川のご令息は、大変優秀な成績で、東京芸術大学に一発で合格された。これで、我々のうしろめたさが少し和らいだのを今でも思いだす。

ご子息の勉強ができたのは当たり前の話で、父親の小川自身がまれに見る素晴らしい頭脳の持ち主だった。

ふつう「考え方を変える」ということはなかなか難しいことだが、小川はどんな奇抜な考え方を提示しても、その方が良いとなると今までの考え方をさらりと捨て、新しいアイディアに基づいて台本を書き直してくれた。

これは、頭が非常に柔軟で、しかも論理的に物事を考える人でないとできないことだ。

第一稿と決定稿で犯人が変わってしまったり、動機が変わったり、犯罪形態が変わったりした。場合によっては全編書き直しということもたびたびであった。

セリフなきセリフ

『太陽にほえろ！』の直しは、番組内容を良くするためだけでなく、様々な理由で行われた。

中でも、役者のスケジュールで台本を変えなければならないことが多かった。他の番組ではわからないが、『太陽にほえろ！』は「刑事のドラマ」を標榜していたので、レギュラーの刑事役の役者が変わるとシーンそのものの存在理由も変わってしまう。セリフが変わるのももちろんだが「柱」まで変えなくてはならなくなる。極端な場合には、テーマそのものまで変わってしまったこともあった。この変化に対応するのは大変なことである。

しかし、小川は、いつもことともなげに我々プロデューサーからの注文を受け、台本の質を落とすことなく新しい脚本を仕上げてくれた。

石原が舌の手術の後で、セリフが言えなかった時のことである。

本来なら病気が治るまで休んで頂くのが筋なのだが、石原は「俺の番組なんだから、休んだら視聴者に悪い」という姿勢で、撮影の日だけ病院を抜け出して来てくれた。

我々も、そんな石原の気持ちをくんで、一言も喋らないで、なおかつ、主役としての役割を果たしてもらえるような台本を作ろうということになった。この時の小川の台本が圧巻だった。

顔の表情だけでその場にあった表現をしてくれた石原もたいしたものだが、台本も、石原の演技力を信頼した上で、知恵の限りをつくして不自然にならないよう書きこまれていた。

見終わった誰もがこの回、石原が一言も喋らなかったことに気がつかなかったほどだ。

それほど、その時の小川の台本は細かく計算しつくされていた。

小川英の最高傑作

小川が『太陽にほえろ！』にとってかけがえのない人物だった理由に、小川が台本直しの達人だったことが挙げられることは前に述べた。

小川は、若いまだ一人前になっていない脚本家の卵をたくさん集めて徒弟制度的厳しさで、彼らを指導していた。中には、この指導のつらさに飛びだしていった人もいるが、多くの作家が育ったことも事実だ。

後年は「英塾」というシナリオ教室まで作り、後輩の指導に当たっていた。

小川は、若い人がとても好きだったのだ。小川は、他人が書いてきたシナリオのテーマを充分活かしながら、なおかつ『太陽にほえろ！』の脚本として通用するものに仕上げてくれる。鮮やかなものだ。

この小川の才能に、心からの信頼がおけたので、我々も思い切って新人脚本家に台本を頼むことができた。前述のように、中には小川が自ら第一稿を書かないことを責める者もいるが、小川が直しに徹底してくれたからこそ素晴らしい台本が完成したと私は信じている。

小川はオリジナリティがないのではなく、若い人の知恵を最大限に引きだそうとしていたのだ。それが証拠に、小川が『太陽にほえろ！』のために初めて書き下ろしてくれた第五二話『13日金曜日マカロニ死す』は、『太陽にほえろ！』全七一八本の最高傑作と断言して差し支えない完成度を誇っている。第一稿があがって一回の直しもなく撮影に入った作品は後にも先にもこれだけだった。

虚構と現実の狭間で

小川のシナリオの良さは、構成力の確かさとサービス精神にある。

私も小川も「賞」にはあまり縁がなかったが、視聴率は稼いだ。その秘訣は、このサービス精神にあるのだろう。

小川は、いつも視聴者が何を望んでいるかを考え、それに応えてくれた。『太陽にほえろ!』の名物となった「殉職劇」でも、新人刑事をただ殺すのでは面白くないということで、一度その刑事を幸せの絶頂に達するように設定し、その上で無惨にも殺すという、もっとも涙をそそるドラマを作ってくれた。時にはキザっぽかったり、でき過ぎていてウソっぽかったりもするのだが、リアリティとのせめぎあいギリギリの線でストーリーを組み立ててくれたものだ。

この作劇法はひとつ間違うと視聴者からそっぽを向かれる極めて危ない方法なのだが、小川のその辺の限界を見抜く感覚は素晴らしく、いつも越えてはいけない一線の手前で大成功を収めていた。

小川は、日活映画時代からアクションものを得意とし、「刑事もの」も数多く手懸けていた。

一方、私の方はというと『太陽にほえろ！』までは「青春もの」のプロデューサーだった。

そのため、小川は『太陽にほえろ！』を「刑事もの」として面白くしようと考えたし、私は「青春もの」として完成させようとした。もともと我々はこの企画を、「青春刑事もの」と位置づけようと思っていたのだが、実際に作ってみるとその両者の割り合いをどの辺に置くかが難しく、たびたび激論を交わした。特に、ショーケンがいた初年度は「刑事もの」を望む小川と、「青春もの」を主張する私との激しい戦いが繰り返された。なにしろ、私は「事件なんてどうでもいいのです。この刑事の心情をもっとドラマチックに描いてください！」と叫ぶし、小川は「それじゃ犯罪が成り立たない。サスペンスがかからないよ」と反発された。いつ果てるともない議論だった。

とうとう最後には「お前が降りるか、俺が降りるかどちらかだ！」と、小川に怒鳴られてしまった。しかし、それから数年後に小川がある雑誌に『太陽にほえろ！』の成功は「岡田プロデューサーとの戦いのおかげだ」と書いてくれた。この時ほど嬉しかったことはない。

お互い口角泡を飛ばして激論を交わしたが、それも心から番組を面白くしようという気持ちがあったからだ。この気持ちさえあれば「物作り」に携わる者同士は、いつか必ずわかりあえるものなのである。

照れくさくはあるが、小川への感謝の意味も込め、次にその記事からの抜粋をご紹介しよう。

『ドラマ』一九七九年十二月号掲載『〝太陽にほえろ!〟のキャラクター／小川英』より抜粋

（本文の途中より引用）

いつも新人が登場する度に出くわすのが、シナリオのストーリーとは関係なく岡田CP（チーフプロデューサー）から出される、新人役のセリフ直しの注文である。「このセリフは言えません」「このテンテンはやめて最後迄言わせて下さい」「このセリフは怒鳴らせないで下さい」

役者が大事なのかホンが大事なのかと、初めは腹が立ったが、TV番組を創るということ、俳優を育て、人気を育て、視聴者を番組に引き込んでいくというのは、そういうことなのだと或る時点でようやく合点し、以後腹を立てるのを止めた。

ついでながら、この番組を語る時に絶対に避けては通れない、画面外の最重要キャラクター、岡田CPについて一言触れたい。

刑事のドラマというCPのこの番組に対する基本姿勢は、恐ろしく徹底していて、はじめの一年ほど私は、実に屢々衝突した。犯人側のドラマなど要らない、事件などどうでもいいという極論を振りかざされては、私も黙っていられない。この番組を始める前に私は、「東京コンバット」という刑事ものを、やはり全脚本に責任を持つ形（シリーズの後半だけ）で手がけており、そこでも私は常に、刑事のドラマを描いて来たつもりだからである。議論は平行線を辿り、シナリオはバラバラにこわれ、結局そのホンは捨てて別の作品を書く羽目になったことも珍しくない。が、これもある時点で私は、合点した。彼がいきり立つのは、犯人側のドラマがあるからではなく、刑事側のドラマが弱い（と彼が感じる）からであり、主演のレギュラー俳優が立たないからなのである。それは決して「太陽……」の原則論ではなく、むしろ彼独特の、或いは彼の長い長いプロデューサーのキャリア（実際の年齢は私よりも大分若いが、彼の仕事の量と熱意は、凡庸なプロデューサーの確実に十倍はある。つまり一年が十年分に当たる）から割り出された、直感と信念なのである。その証拠に、主演のレギュラー俳優が強烈に立ってさえいれば、たとえ犯人側のドラマがどれほど多く描かれていようと、一言の文句も出ない。時には「太陽……」では絶対的タブーのセックスがらみの話にさえ眼をつぶるのである。

その彼の直感と信念（いわばプロのカン）から、TV番組創りについて多くのことを私は学んだ。しかし、そのカンをもう一押しすれば、そこにあるのは個人的な好みであり、感覚的な好き嫌いである。そこまで彼が踏み込んで尚且つ説を主張する時、私は今も衝突する。それは私以外のライターも同じに違いない。

多分、『太陽にほえろ！』がつづく限り、この衝突はつづくだろう。しかし、『太陽にほえろ！』のシナリオが今も尚或る種の熱気と真剣さを失わずにいるのは案外、プロデューサーとライターが、そういう衝突を今尚繰り返しているせいかも知れないのである。

（話はまだまだ続くが、私の部分はこれで終わっている）

よき先輩・小川英

小川とは同じ「鎌倉」の出身で、年齢差はあったが、同じ高校「鎌倉学園」を卒業した間柄だ。そのためか考え方もよく似ていた。そんな関係で、番組を開始して三年も経つと家族ぐるみのお付き合いが始まった。

小川はビール党で、なおかつ競馬狂。ゴルフ、テニスは全くやらずと趣味は違ったのだが、なぜか非常に気が合った。家族ぐるみで、カナダ、ヨーロッパ、ハワイと随分楽しい旅行をさせてもらった。

パリの地下鉄での出来事だった。

我々が夕食後、ホテルに帰る途中で地下鉄に乗っていると、ちょっとこわもてのチンピラたちが四、五人乗ってきた。私と家内、それに小川の奥様はすぐそれに気がつき、「さわらぬ神に祟りなし」と隣りの車両に移ったのだが、小川はいくら合図しても全く気がつかず、危ない若者たちに囲まれながら堂々としている。あまり堂々としているので若者達は恐れをなしたのか、何もしないで立ち去ったのだが、我々はハラハラしどうしだった。

地下鉄を降りても「どうして、隣りへ移っちゃったの？」と不思議そうな顔をしている。

小川にはこういうところがあった。いつも悠々として、怖いもの知らずで、自然体、豪傑だった。

小川は、本当にビールが好きだった。食事をしながら打ち合わせをするというケースがよくあったが、小川は席につくなりいつも「ビール下さい」と言っていた。お昼の食事でも、外国へ行っても「ビアー・プリーズ」。ろくに食事もせず、ビール腹で打ち合わせにのぞんでいた。

競馬も好きだった。自分で馬も持っていて、その馬が勝ったりすると何日もご機嫌の良い日が続く。締切りが近くなってくると、台本を書いている時まで耳にイヤホーンをつけて、競馬を聞いていた。

「よく競馬放送なんか聞きながら台本が書けますね」と、あきれてしまったものだが、その時の台本が普段のものより劣ることなどまったくなかった。不思議な才能だ。仕事をお願いしていた私が、こんなことを言えた義理ではないが、小川は本当に仕事が好きで、朝から晩まで働きづめだった。

天国の小川英へ

最後にお見舞いに伺った時も、少し目が見にくくなったなどと言われながら奥様の口述筆記で仕事をされていた。奥様から伺ったお話でも、引き受けておられたＮＨＫのシリーズの最終回を書きあげられ、その日に亡くなられたそうだ。このお話を伺った時、何とも言いようがない気持ちに打たれた。

おそらく最後の力をふり絞ってシナリオのエンド・マークを書かれたのだろうし、書き終わっていっぺんに力が抜けてしまったのだと思う。

日本人の寿命が延びている現在、あまりにも早い死だったと思うが、とにかくシリーズを書き終えることができたことは、小川にとって幸せなことではなかったかと思う。

……そうでも思わなければとても耐えられない。

まだまだ我々を助けてほしかった小川だが、こうなった以上はどうか「天国でゆっくりとお過ごしください」と祈るばかりだ。

早撮りの名人、竹林進監督

スケジュールの都合上、テレビ映画では年間四十本しか撮ることが出来ない。しかし、放送の方は、年間五十二回廻って来る。その分を埋める為にはB班を作り残りの十二本を制作しなければならない。よほど手際良く撮影しないと穴が開いてしまう。

だが、それも早撮りの竹林監督のおかげでなし遂げることができた。並の監督では、とてもできないことだった。しかも、竹林監督が優秀だと思う点は、ただ撮影が早いだけでなく作品の仕上がりも素晴らしいことだ。事実、竹林監督が撮った作品は、殆どといっていいほど高視聴率を獲得している。

竹林監督には、面白いエピソードがある。

ある撮影で、監督がリハーサル一回で本番にいき、「ヨーイ、スタート」。やがて芝居が終わり、監督が「ＯＫ！」と言ったところ、カメラマンがいかにも申しわけなさそうに「あの……カメラがまだ用意できてないんです」と謝ったという。移動撮影でカメラ助手達が、カメラを載せて動かすレールをまだ引いているうちに本番のかけ声がかかってしまったのだ。

また、こんなこともあった。

テキサスの殉職のシーンを撮った時に、撮影の分量があまりにも多すぎて、さすがの竹林監督も陽が落ちるのと競争になってしまった。そうしたところ、七曲署の刑事達が、テキサスの死体に向かってひとりずつお別れを言うラストシーンで、カメラと照明を動かさずに次から次へと役者をカメラの前に呼び、目にも止まらぬ速さで撮りまくってしまったのだ。それがつながってみると、もの凄く感動的なシーンになっているではないか。しかも、刑事達がみな、テキサスの遺体をとり巻いているように見えたのだから驚きである。

よく、「映画は錯覚の芸術」と言われるが、この時ほど監督の撮影技術の素晴らしさに感心したことはない。またこの時、監督の指示を理解し、その意図を具現化した我が七曲署の刑事達の芝居もたいしたものだと思った。

『太陽にほえろ！』はこうして十五年間も、一度も放送に穴を開けることなく続けることができた。

なんとも喜ばしい限りだ。しかし、残念というか、あるいは申しわけないことには、その後このお二人は、お二人とも病に倒れ天国に召されてしまった。

『太陽にほえろ！』は休みなく続いた。小川も、竹林監督も、殆ど休みなく働かざるを得なかった。その疲れがお二人の体を蝕んだとしたら、なんとも申しわけないことをしてしまったとお詫びの仕様もない。

戦友

『太陽にほえろ！』を制作している間に、たくさんの戦友ができた。

なかでも、音楽の大野克夫と編集の神島帰美のお二人には、全シリーズを通じてお世話になった。

前述の通り、大野はこのシリーズを開始する時にショーケンから紹介された。

「大野は素晴らしいメロディをたくさん持っているので、きっと斬新なBGMが出来る」というのがショーケンの主張だった。「俺にダマされたと思って大野に頼んでみてよ」とも言った。

それほど音楽に明るくない私は判断に困ってしまい、当時の上司だった前述の津田局長に相談してみた。すると、音楽に詳しい津田局長は「それは面白いよ」と太鼓判を押してくれたのである。

もともと、ショーケンを『太陽にほえろ!』にキャスティングしたのも、実はその津田局長の強い推薦があったからでもあった。

大野は、まだ完成していない『太陽にほえろ!』のラッシュ・フィルムを二時間ほど見て、こんなメロディではどうかと持ちかけてくれた。残念ながら私にはその善し悪しは分からなかったが、もうここまできたら一か八か大野にかけてみるしかなかった。とにかく、そのメロディを売りたいのでいろいろの形に編曲して録音して下さいとだけお願いした。大野は「この曲ならいろんな感じの曲に編曲出来ますよ」と、相当の自信があるように見えた。

録音は、目黒のモウリスタジオというところで行われた。

録音に立ち合ったものの、それまでの音楽の録音とはあまりにも勝手が違い、私には何が何だか全く判らなかった。

当時は、まだ珍しい十六トラックだか十八トラックだかのテープに楽器単位でどんどん録音していくので、完成してみなければ私のような素人にはその全体像が皆目つかめない。あっと言う間に時間が経ち、スタジオの拘束時間が刻々と迫ってきてしまった。

しかし、テープの完成はまだまだ先のようで、さすがの大野にもあせりの色が見えはじめた。そんな時、スタジオにぶらっと現れた津田局長が「よし俺も手伝うよ」といって演奏に参加されてしまったのである。

今度は、「もし津田局長がミスしたらどうしよう」という別の心配が持ち上がった。今日中にテーマ曲をあげないと放送に間に合わなくなってしまうという状況だった。

こんな思いをして出来上がった曲が、あの『太陽にほえろ!』のテーマ曲なのだ。

この曲は、ショーケンの言う通り何年に一度出るか出ないかの名曲になった。

そして十五年間、『太陽にほえろ!』のテーマ曲として、そしていつの時代も古さを感じさせない名曲として、視聴者に愛され続けた。この曲の入ったレコードはいったい何枚売れたのだろうか。おそらくミリオンセラーは間違いなかったと思う。

この曲に関しては後日談がある。

大野がすっかり有名になってから、この曲を「音の質が悪いから」ということで録り直しをしたことがあった。音楽的には新しい曲のほうがはるかに勝っているのにもかかわらず、視聴者の反応はあくまで「最初の曲の方が良い」ということだった。

確かに前の曲は、録音の時、何回もダビングしているのでもの凄いノイズが入っている。その上、私にはわからなかったが、大野に言わせると曲の中にトチりがあるというのだ。

しかし、前に録った曲の方が圧倒的に力があり、演奏者の熱気がムンムンと感じられるものだった。何が視聴者に受けるか、私にはわかったような気がした。

大野の大成功により、その後のテレビ映画の音楽が変わったのは周知の通りである。それまでのように事前に楽譜が出来ていて、大勢の演奏家たちが無難に曲を仕上げるという方法から、気の合ったバンドのメンバーが、そのバンドの音として、即興的に作り上げる音楽へと変わったのだ。

『俺たちの旅』を始めとする『俺たちシリーズ』もこの方法を採り、シリーズ全四作品を通じてトランザムというバンドが演奏した。『西遊記』（一九七八年）のヒット曲であるゴダイゴの『ガンダーラ』も、この時の経験を活かして生まれたものだ。

大野の音楽は爆発的にヒットした。『太陽にほえろ！』の成功の半分は、もしかするとこの音楽によるものかもしれない。あの音楽が聞こえると、画面を見なくても『太陽にほえろ！』が放送されていることがわかる。音楽とドラマの内容とが、これだけ相乗効果で盛り上がった例を私は他に知らない。

今さらながら、大野の才能と彼を紹介してくれたショーケンの先見の明に心から敬意を表したいと思う。

新人監督育ての親

編集の神島は、私よりはるかに先輩で、戦友などと呼んでは失礼かも知れないが、ここはひとつ長い間のお付き合いに免じてお許し願いたいと思う。

『太陽にほえろ！』で育った若い監督達で、神島のお世話にならなかった者は一人もいない。

神島はかなり厳しい人で、新人監督は「こんな絵はつなげません。これとこれを撮り足していらっしゃい」とよく怒られていた。新人刑事を抜擢する時も、黙って出演させ、神島につないでもらい、その反応を見て決めた。神島が太鼓判を押してくれた新人刑事は必ずといっていいほど成功した。フィルムをつないでいると、俳優の善し悪しがよくわかるようだ。

番組を作る上で「オールラッシュ」という作業がある。

我々プロデューサーは、この試写で初めて作品を目にしてから、放送時間帯に合うように長さの調節をする。テレビの世界ではこの長さの調節は厳しく、一秒でも違うとダメなのである。

いつもどこをけずるか、監督や神島と、我々プロデューサーで激論をかわした。この席上、神島はどういうふうに画面をつないだかのメモなど、一度も持って来たことがなかった。神島は全てのカットを暗記しているのである！　私が「あのカットは……」と言うと、即座に「そのカットはこうこうで、こういうふうにつながっています」「そのカットを抜くと後がつながらなくなります」といった具合に的確な答えが返ってくるのである。

いかに神島が真剣にフィルムをつないでいたかがわかった。

こんなベテランに、たった一回だけ私が知恵を貸したことがある。

それは、みなさんもご存知の番組のオープニングを飾るタイトル・バックのことである。

石原の歩きのシーンで、何通りか撮影してある中、一番気に入ったバージョンのもの の長さが少し足りない。そこで、私は素人の強みで「カットバックしている間のコマを捨てないでつないでみたら……」と提案してみた。

神島は「つながるかな……?」と半信半疑だったが、いざつないでみるとなんら違和感なく、これで放送することに決まった。大先輩をやり込めた私は、ちょっといい気持ちだったことを思いだす。

番組のファンは宝

『太陽にほえろ!』が十四年も続いたのは沢山の視聴者がこの番組を見てくれて高視聴率を上げ続けた結果であると思う。番組デスクの女性が『太陽にほえろ!』全七一八本の平均視聴率を計算したら二十二・九％という数字が出た。こんなに長い間高視聴率を上げた番組を私は知らない。下町の路地で撮影をしていた時、八時になると近所の家から一斉に『太陽にほえろ!』のあのテーマ曲が流れてきて感動したこともある。番組が終了して三十年以上も経つのにいまだにCSで再放送され、各方面から番組についてのインタヴューを受ける喜びを味わっている。『太陽にほえろ!』を見て育ちましたと言われることほど嬉しいことはない。

『太陽にほえろ！』の視聴者は、番組を見てくれただけではない。あらゆる面で番組を応援してくれた。数年間にわたり、放送が終わった次の月曜日にその作品の批評を書いてくれた高校生もいたし、視聴者からのシナリオも何本か届いた。その中の２本は実際に放送されている。犯人に麻薬中毒にされた殿下と山さんが手錠で繋いで毒抜きをする話と、止むを得ない事情で犯人の要求に合わせて山さんがボスを撃つ話である。いずれも刑事同士の愛の物語であった。

こちらが何も言わないのに、いつのまにかファンクラブが四つも出来てしまったし、ホームページ、単行本の出版まで当番組の視聴者が自主的に発表してくれた。こんな視聴者の積極的応援も番組の視聴率を押し上げてくれた。『太陽にほえろ！』は視聴者とともに作り上げられたものと言えるかも知れない。

感謝に堪えない。

第九章　大ヒットの波及効果と転換期

『太陽にほえろ！』の子供達

番組が長く続き、しかも人気を博すると、そこを学舎のようにして多くのスタッフ、キャストが育っていく。

すると、そんな彼らを使って、さらに新しい番組を作ることができるようになった。番組が成功するということは、こんなふうにはかり知れないメリットを生むのだ。

『太陽にほえろ！』でも、ここを巣立っていった多くの脚本家、監督、俳優達が多くのヒット作品を生んでくれた。その手本を作ってくれたのが、まず、ショーケンだった。それが『傷だらけの天使』（一九七四年）だ。

以降、新人俳優が一人前になって『太陽にほえろ！』を卒業すると、番組が次々と生まれ、私のプロデューサー歴を輝かしいものにしてくれた。

人気の絶頂期に華々しく殉職して、ファンの涙をしぼりとった直後に登場するわけだから、かなりの確率で良い視聴率を獲得してくれるのだ。

ショーケンのフラストレーション──『傷だらけの天使』

『太陽にほえろ！』がスタートして半年も経つと、ショーケンが、「『太陽にほえろ！』はなぜセックスを扱わないのか？」と抗議してきた。

　また、ショーケンが道ばたにツバを吐くと、どんなにそのシーンが大切なものでも公衆道徳の観点からその絵をオールラッシュで捨ててしまったので、彼のイライラも頂点に達してきた。

　そこで、私は「遅い時間帯なら君のいう通りの番組を作ってもいいよ」と提案してみた。ショーケンが私のこの言葉に乗ってきたために生まれたのが『傷だらけの天使』だった。

　しかし、当初、あまりにもセックスシーンが派手に連続していたせいで、視聴率はあまり良くなかった。それどころか、会社のお偉方から怒られてあっちこっちで頭を下げる毎日が続いた。

　当時、『11PM』という番組があり、これが「裸」をだすと必ず視聴率が上がるという話を聞いたので思い切ってやってみたのだが、ひとりでこっそり見る『11PM』と、一家そろって見るドラマでは、随分と結果の違うことを実感した。

　とはいえこの番組は、ショーケンの魅力で深作欣二や、神代辰巳、工藤栄一、恩地日出夫などのそうそうたる監督がメガホンをとってくれた。そのおかげで、本放送が終わってから後年、若者の間でもの凄い人気を博することとなった。いまだにこの作品は高く評価され、話題にもよくのぼる。昭和四十年代最後の「安保挫折派」の心を、この番組がきっちりととらえていたからだと思う。

アクションドラマの自信作――『俺たちの勲章』

ショーケンの例にならい、松田優作のためには『俺たちの勲章』（一九七五年）を用意した。

この作品は、鎌田敏夫のシナリオによるものだが、アクションドラマの最高傑作と自負している。

松田優作と中村雅俊のコンビも新鮮だったし、監督の澤田幸弘の演出も素晴らしく、迫力があった。当時の若者の淋しさ、哀しさ、優しさを見事に表現していたものと思う。

先日、必要があってその脚本を読み返してみたが、実によく練られていて、今のアクションものの脚本に比べて、推理物としての密度が高く、なおかつ、人間の心情をよくとらえていることに我ながら感心した。

こんな丁寧な作業は、もう二度とできないと思う。

また、この作品が後に『あぶない刑事』につながったことも特筆すべきだろう。

大好きな「鎌倉」――『俺たちの朝』

その次が『俺たちの朝』（一九七六年）だ。これはテキサスこと勝野洋が主演したものだが、あのカタブツの勝野が、中村雅俊の『俺たちの旅』の後番組をこなせるかと随分心配したものだ。

だが、山本迪夫監督の演技指導もよろしく、予想をはるかに上回る出来に仕上がった。それに、この番組の舞台となった「鎌倉」は私の故郷だ。ストーリーの中に、私自身の「青春」をぶつけることもできた。

私のプロデューサー生活の中で「一番好きな番組を一つ挙げろ」と言われたら、この番組の名前を挙げるだろう。それほどこの番組にはのめり込んでいた。

この番組で、つぶれかけた「江ノ島電車」を復活させたこと。後に『太陽にほえろ！』の「マミー刑事」として登場する長谷直美と出会ったことも嬉しい思い出となった。

ただ、この番組のお陰で「静かだった鎌倉が、観光客ですっかりうるさくなってしまった」と、鎌倉の昔の友達から怒られた時には複雑な気持ちだった。

最後の青春もの――『あさひが丘の大統領』

そして、四つ目が『あさひが丘の大統領』（一九七九年）である。ボンボン刑事こと宮内淳が先生になる「学園もの」だ。これも、中村雅俊の『ゆうひが丘の総理大臣』の後番組として組まれたものだが、私にとっては最後の「先生もの」になってしまった。

昭和四十年代では、「出せば当たる」と言われていた「学園もの」だが、この頃になると「先生の値打ち」がすっかり下がってしまい、視聴者の「英雄」とはなり得なかったのだろう。

宮内淳がこれを境に、俳優稼業の足を洗ってしまったこともまことに残念だった。しかし、つい先年のこと。宮内は「冒険家」として中京テレビの番組に出演し、スカイダイビングの技を披露してくれた。縁は奇なものとはよくいったものだ。

素顔の沖雅也

『俺たちは天使だ！』（一九七九年）について書こうと思うと、沖雅也のことを語らねばならない。

スコッチ刑事こと沖雅也を『太陽にほえろ！』に加入させたのは、七曲署のメンバーのチームワークを乱すため（？）だった。

そのころ、一係のチームワークは絶好調で、メンバー同士の対立などは全く考えられない状況だった。それがある種のマンネリズムを生んでいたのもまた事実である。

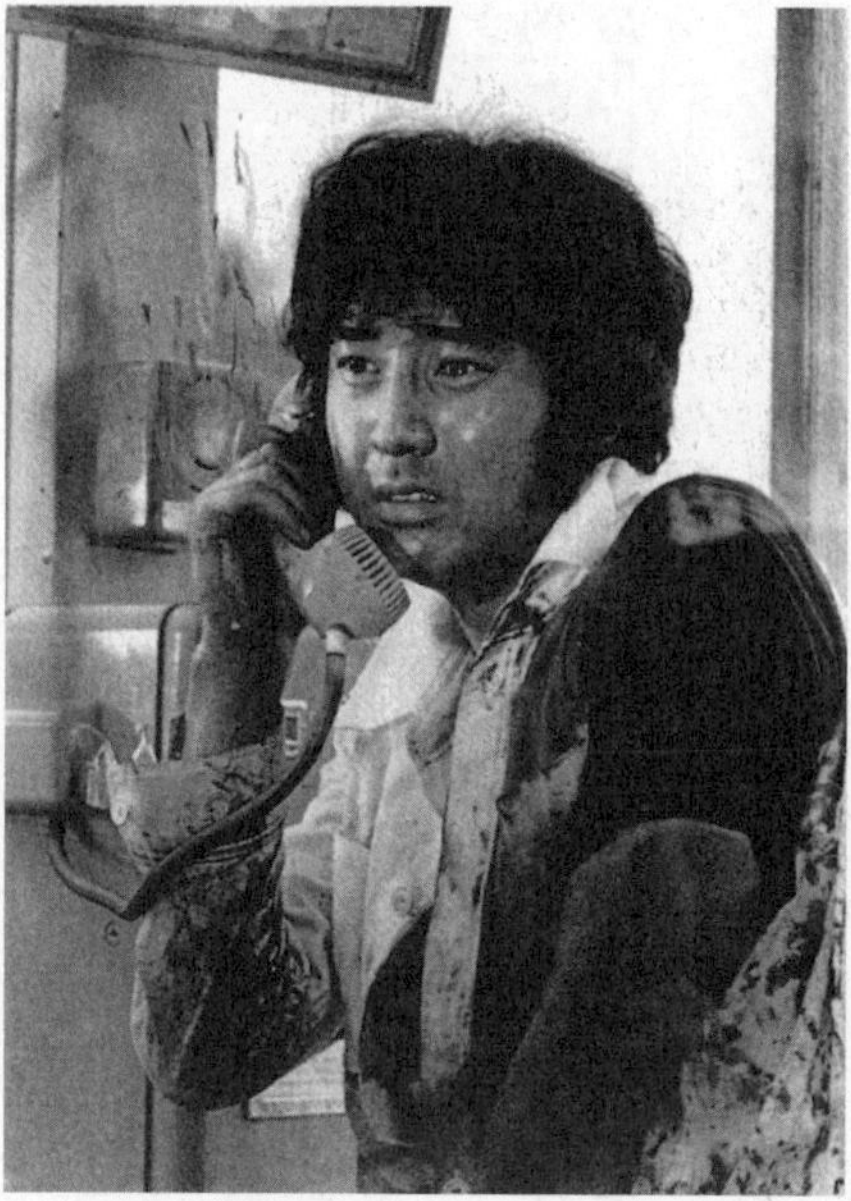

第三六三話『13日金曜日　ボン最期の日』。宮内淳はこの直後に『あさひが丘の大統領』に主演。『あさひが丘の大統領』は一九七九年十月〜一九八〇年九月放映。共演：片平なぎさ、井上純一、藤谷美和子ほか。

やはり、一係の中で意見の対立がないとドラマは面白くならない。

それで、沖

に「君の役は七曲署に波風を立てる役だ、そういう形で入ってくれ」と頼んだ。当人も快諾してくれてスコッチ刑事が誕生したのだ。沖は完璧なまでにその役をこなした。私が彼に注文したのは役の上でのことだったが、沖は現場に行ってもみなとなじまない。私生活でもなじまない。一係の撮影をしている時というのは、みんな裏でバカな話をしてワーワー騒いでいるわけだが、いつも沖はそこには加わらなかった。遠くで一人ポツンとしていた。それほど彼の役に対する取り組み方は徹底していた。

我々『太陽にほえろ！』の制作陣はいささか番組の危機を感じていたのだが、世間的にはまだまだ全盛期で、活躍中のレギュラー諸氏は大変な人気だった。そんな一係の中に沖は新しくポッと入って、彼らと対抗するわけだから、かなり精神的なプレッシャーがあったと思う。

それに、沖自身のキャラクターもああいうキャラクターではなく、もともと日活の最後のスターだったこともあるのだろうが、本来は非常に明るい青年だった。

陽気なキャップ――『俺たちは天使だ！』

『俺たちは天使だ！』（一九七九年）ではそんな彼本来のキャラクターを前面に打ち出し、思いっきりのびのびとやっている。演技とは思えないほどだ。

あれが地だったから、正反対のスコッチ刑事のキャラクターは、彼にかなりのプレッシャーを与えたことと思う。

この『俺たちは天使だ！』の主人公である、陽気で伊達男のキャップこと麻生雅人という人物像を、本人も大変気に入ったようだった。その証拠に、彼が死んだ時、遺言に「遺影に使う写真は『俺たちは天使だ！』のキャップの写真を使ってほしい」という希望が書かれていたという。

それほど沖にとって会心の作品だったのだろう。

ここでひとつ、この作品に関する面白いエピソードを披露しよう。

実をいうと、もともと、この企画は

「沖田総司」だった。総司を主人公にした新撰組の話で、若い青年達の「青春集団劇」を描きたかったのだ。彼らは彼らなりに日本のためにつくそうと一所懸命がんばっていたのだ。この「時代を超えた若さ」を表現しようと思ったのである。

ところが、日本テレビの最終企画会議の段階で、トップから「時代劇はダメだ、現代劇にしろ!」と注文がきた。そこで私は慌てて企画そのものを、そっくり現代劇に直したのである。

それが『俺たちは天使だ!』という作品だった。その期間は正味一週間くらいだったと記憶している。新撰組のメンバーとして神田正輝、柴田恭兵、渡辺篤史のスケジュールをおさえていたので、今さら番組をやめ、彼等を失業させてしまうわけにもいかず、苦肉の策で彼等を探偵に変えて企画を成立させたのだ。

かなり乱暴なことをやったとも思うが、結果としては予想以上の大成功を収めた。私にしてみれば、ストーリー展開は変わるが、「新撰組」を青春ものでやろうと思っていたわけだから、現代の「探偵もの」に変わってもそのテーマは変わらなかったのだ。

時代劇の姿を借りた青春物――『姿三四郎』

その前の勝野の『姿三四郎』（一九七八年）も、時代劇の名を借りた「青春もの」であった。しかし残念ながら作品的には失敗だった。

最初は現代劇のつもりではじめたのだが、実際始めてみると俳優の動作、衣装、セリフ回しがどうしても時代劇のイメージからぬけ出せなかった。今やればもう少し工夫はできたとは思うが、やはり中途半端だったのだと反省している。一九九六年、日本テレビで放送していた『竜馬におまかせ！』もこの考え方で作られているのだろう。

悔いの残る作品ではあるが、『姿三四郎』の狙いは悪くなかったと思う。

あの当時はだんだん青春ドラマがなくなりつつある時代だった。昭和四十年代には、三十分ものもふくめてかなりの数の青春ドラマが放送されていた。

だが、昭和五十年代も半ばになると、実社会の中にドラマチックなものがなくなってしまい、青春ドラマが作りづらくなってしまった。それでちょっと時代をさかのぼろうという狙いで、『姿三四郎』や『新撰組』の話を考えたのだ。

しかし、やってみると確かにドラマはあるけれど、映像的にお客がついてきてくれないというのが現実だった。

だが、いい勉強になったことは確かだ。

このように『太陽にほえろ！』が成功してくれたお陰で、次々と面白い番組を作ることができた。

そして、この「子供達」から再び色々なものを吸収し、『太陽にほえろ！』は発展していったのだ。相乗効果とはまさにこのことだ。番組がうまくいっている時は、得てしてこんなものなのだろう。「勢い」というものは、恐ろしいものである。

第十章　新たな時代を迎えて

『太陽にほえろ！』から巣立っていったのが優作であり、勝野であり、宮内であったとするると、全くその逆のパターンが神田正輝だった。

神田は石原裕次郎自らが制作にまわった『大都会』（一九七六年）という番組で、これまた石原自らが選んできた役者だった。「俺が選んだ役者なんだからこれを一人前にしようじゃないか」という石原のひと言が始まりだった。

デビュー当時の神田は、スキーのテスターを生業としており、役者の「や」の字も経験がなかった。ご存知のように彼の母君は有名な役者さんだが、当時の神田はお世辞にもうまいとはいえなかった。だから全然人気も出ない。それを気にした石原が「俺が選んで、あいつをスキーの世界から役者の世界にもってきてしまったんだ。だからなんとしてでも、一人前の役者にしないと選んだ手前、悪いんだよ」と私に言われた。

そこで「わかりました、なんとか努力してみましょう」ということになった。

そんな折、『大都会ＰＡＲＴ２』に優作が入ってきた。当時、優作は暴力事件を起こして、テレビから遠ざかっていたため、金に困っていた。見かねた私が、石原に頼みこんで『大都会PART2』に入れてもらったといういきさつがあった。それには、優作自身が、番組の主演を務めていた渡哲也を非常に尊敬していたので、渡のところに置いておけば、ケンカもしないだろうという狙いもあった。

二枚目半のキャラクターで新生『太陽』を担ったドック。第449話『ドック刑事雪山に舞う』より。

そこで、神田の居場所がなくなってしまった。「それじゃ、僕の方で神田を引き受けましょう」ということになって、中村雅俊主演の学園もの、『青春ド真中！』（一九七八年）で神田を起用した。彼はここで見事に自分のポジションをつかんだようだ。

この時の彼のキャラ

クターが「ダメな美男子」というイメージで、気弱な先生「ボーヤ」こと小森昭治役。これが神田のハマリ役となった。

それが非常にうまくいったために、次の青春もの、『ゆうひが丘の総理大臣』(多野木念役)、そして『俺たちは天使だ!』(ジュン役)へと続いていった。だがその段階で、「ダメな奴」ばかり演じてきたので、神田自身もちょっとストレスがたまってきた。

「それじゃ『太陽にほえろ!』でやってみよう」ということになってドック刑事が誕生したのだ。

他の新人刑事が『太陽にほえろ!』が初めてで、そこから他の番組に巣立っていったのに対し、彼の場合は他の番組があって、『太陽にほえろ!』で完成したという逆のパターンだった。

神田正輝は、『太陽にほえろ!』に出演してスターの座を射止めたが、『太陽にほえろ!』もまた、彼のお陰でその寿命を大きく延ばすことができた。

『太陽にほえろ!』がスタートした時点では、生真面目な作りが受けていたが、神田が番組に登場する頃になると、世の中も安定し、漫才ブームが起こり、喜劇全盛の時代に入ってきた。そこで、『太陽にほえろ!』もその内容を大転換して、「笑い」を重視した作りに変えなければならなくなってしまった。この大転換の基盤となってくれたのが、神田扮するドック刑事だった。神田は、今までの「ダメ男」のイメージから、その時代を生きる新しい形のヒーローに変身したし、番組のカラーを、うまく時代にマッチしたものに変えてくれた。『太陽にほえろ！』シリーズを、長期シリーズにしていく上で、彼は、非常な貢献をしてくれたのだ。『太陽にほえろ！』の前半を支えたのが竜雷太だとすると、後半を担ってくれたのが神田正輝なのである。

「ダメ男」の魅力

私の作品で「ダメな美男子」というキャラクターが最初に登場したのは『傷だらけの天使』の水谷豊だが、その役が『俺たちの旅』（一九七五年）で、優柔不断なダメ男、「オメダ」を演じた田中健につながっていった。そして、それが神田に引きつがれたのだ。

主役はカッコ良くて強くて誰にも負けない、そしてわがまま。それに対し、もうひとり、気が弱くて何をやらせてもダメで、主役が面倒を見なくてはならない男がいる。この二人の男のドラマが私の一連の「青春もの」の特徴だ。

『俺たちの朝』（一九七六年）の小倉一郎もそのパターンを踏襲しているし、『太陽にほえろ！』のマイコンこと石原良純もそれに当てはまる。

田中、小倉、神田、石原はみなそのパターンに入れて成功した。だが、成功すると本人は必ず嫌になる。

人情として「俺はもっと仕事ができるし、もっとちゃんとしてるんだよ」というふうに、私生活とのギャップが出てくるから面白い。

ただ、私のいうダメ男も、「全くダメ」では人気が出ない。どこかにスター性がなければ、本当にダメになってしまう。もの凄く顔が良かったり、スポーツマンだったり……なによりも「優しさ」を持っている。

そういう、スター的な要素を持っているキャラクターをわざとダメにするのがミソなのだ。

アイドル時代の刑事――渡辺徹

渡辺徹が加入したことによって『太陽にほえろ！』は新たにアイドル時代を迎える。

当時、だんだんとテレビ視聴者の中心層が若くなってきた。以前は、女子中学生、高校生達に「先生に対する憧れ」みたいなものがあり、あくまでも彼女達の興味の対

1985年にラガーは殉職。シリーズ中、最も長いサブタイトルでもある第658話『ラガーよ、俺たちはおまえがなぜ死んだか知っている』より。

象が先生くらいの、年齢二十四〜二十七歳の男性が主流だったのに対し、このころになるとその対象が同世代、十五〜十八歳の男性に移行してきた。ちょうど、「たのきんトリオ」などのジャニーズ系が出はじめた時期でもあった。

それでメンバー全員の年齢が上がった反省もふくめて、若いいきのいい新人刑事を入れようと探しまくり、まだ十代だった徹と出会ったのだ。

彼の場合は、最初から「アイドル」として売りだそうと考えていたので、すぐに歌を歌わせた。それからグリコのCMにも積極的に出演させた。その当時、グリコのCMに出演するると若者の人気がつかめるという風潮があった。「グリコのCMに出ること」が、若手スターの登竜門だったのだ。

グリコは番組のスポンサーでもあったので、そこのCMスタッフと話し合い、「一緒にやりましょう」ということで、徹を大々的に売り出した。

しかしそのころになると番組の力だけではなかなかスターが作れない状況になっていた。

それまで、『太陽にほえろ!』では、新人刑事に他の仕事を一切やらせないことにしていた。しかし、この手がデメリットになってしまった。『太陽にほえろ!』でしか見ることができないということはそれなりにメリットもあったが、番組を見ていない人にとっては存在すら知られないことになってしまう。本人にそういうジレンマが出てきたし、社会的にもそういう現象が出てきた。彼自身が飛躍するためには、他の番組にも出演しなければならない。

そんなこともあり、ある程度役者としてちゃんと芝居ができるようになり、どこへ出しても恥ずかしくないようになった段階で、彼も番組を去っていった。

もちろん、それだけではない。徹は番組出演中にすっかり太ってしまった。

当人には、「太っちゃダメだよ、役者っていうのは」とずいぶん言ったのだが、彼も若かったので歯止めが難しかったらしい。なにしろ、大食漢でよく食べた。

そのうちに太っていることが彼の売り物になり、それが彼の人気を支え、彼自身がそれで笑いをとるようになった。しかし、あんなに太ってしまっては「疾走」が売りものの『太陽にほえろ！』ではつとまらない。

石原が亡くなる二週間ほど前。私がお見舞いに伺った時に、「昨日、テレビで徹を見かけたが、あれは太り過ぎだ。すぐに医者に連れていって、食生活を変えなきゃダメだ」と私に言われた。

私は「そんなこと心配しないで、自分のことをいたわってください」と笑いながら答えたのだが、私からその話を聞いた直後、石原の訃報を知った徹が、テレビの番組の中で男泣きに泣いていたことを昨日のことのように思い出す。

絶対歌わない！——世良公則

世良公則が加わってからは、神田正輝、渡辺徹、世良公則、三田村邦彦による「カワセミカルテット」が誕生した。

世良の加入には、最初からショーケンのことが頭にあった。

マカロニの成功が、間違いなく『太陽にほえろ！』を発展させたわけだから、ここでひとつそのノウハウを活かしてさらなる発展を遂げさせたかったのだ。

ショーケンの例にならって、役者以外で、芸能界で大成した人を入れようと考えていた。

そんな時に世良が『火曜サスペンス劇場』に出演した。そこでの彼の芝居が非常に面白かったので、私の頭にひらめくものがあった。

また、その『火サス』をプロデュースしていたのが、『太陽にほえろ！』の初期を一緒にやった清水欣也だったのも運が良かった。早速、清水の口利きで世良にアプローチを試みた。

ちょうど、自分のバンドであるツイストを解散した直後だったので、彼にも新しいところに進みたいという欲があった。それで試しに『火サス』をやったところ、すっかり芝居にハマっていた時期だった。

世良の素晴らしい点は、「『太陽にほえろ！』には役者で来たんだ。歌手で来たんじゃない。だから新人扱いでいい」と言ってくれたことだった。

また、それに付随してのこととして「歌は歌いたくない」とも宣言した。

これについては、何度か劇中で歌ってくれるよう交渉してみたのだが、彼は断固として最後まで歌わなかった。

『太陽にほえろ！』で歌えば、挿入歌のレコードはある程度売れることは間違いがなかった。だが、その辺のところで彼は実に厳しく自分を律していた。「俺の歌は『太陽にほえろ！』には合わない。だから、歌わない」。そんな彼の主張は頼もしくすら感じられた。

エピローグ　素晴しきパートナー

最後になったが、私の良きパートナーで、当時、制作会社の東宝のプロデューサーを務めてくれた梅浦洋一の紹介をしたいと思う。

梅浦との付き合いは『東京バイパス指令』という番組の最後のワンクールからで、その時、番組の危機を彼に救ってもらったのだ。それ以来、全く切っても切れない仲になってしまった。

『太陽にほえろ！』を制作していた時には、家族と一緒にいる時間より、彼といる時間の方がはるかに長かった。そんな私達を見て石原から「二人で一人前だね」と冗談を言われてしまった。

梅浦は不思議な能力を持っている。悪運（？）が非常に強いのだ。十五年間の『太陽にほえろ！』の撮影の中で、もうダメかと思われる事態に何回も遭遇したが、その度に彼の「運」に助けてもらった。

役者さんのてっぱり（他の番組の撮影スケジュールとぶつかってしまうこと）で困った時、長雨にたたられて撮影が遅れてしまった時など、もう放送に間に合わないのではないかと何度も思ったが、梅浦の「知恵と決断と運」でなんとか切りぬけてきた。

仕事上のことだけでなく、ゴルフの会でもよく優勝するし、マージャンでも、競馬でもいつも勝っているようだ。世の中には、随分と「悪運」の強い人がいるものだと感心してしまう。

梅浦に言わせると「何も驚くことはない。俺の実力なんだから……」ということになりそうだが、長い付き合いから判断すると、やはり「悪運」によるものが多いと思う。

不思議な三角関係

『太陽にほえろ!』は、当時東宝のテレビ部のプロデューサーを務めていた梅浦と、脚本家の総元締の役割を果たしてくれた小川英、それに私の三人で企画したものだ。

この、呼吸の合った三人のチームワークはまさに絶妙で、見事に仕事の分担がなされていた。

梅浦の分担は、監督以下全スタッフの面倒をみることと、制作費を管理すること。彼は、監督やスタッフの悩みを実に詳しく聞きだして、その私生活の部分まで面倒をみてくれていた。

脚本を作っている時も、私がディティールにのめり込んで立ち往生してしまった際には、全く思いもよらないアイディアで助け船を出してくれた。全体像をつかむことに天才的なひらめきがあったのだ。

また、ケンカっ早い私が色々なところでケンカをしてくれれば、その後始末を実にうまくつけてくれた。

だから私は、後のことを考えずに自分の意見を言い張ることができたのだ。一度、私と小川とが大ゲンカをしたことがある。その時、小川は「もう『太陽にほえろ!』を降りたい」とまで言ったのだが、梅浦は粘って小川の怒りをとりなしてくれた。あの時、私と小川がケンカ別れしてしまったら『太陽にほえろ!』も、その時終了していたと思う。

恐怖の二人

脚本家の市川森一や長野洋は、我々二人のことを「恐怖の二人」と呼んでいた。我々二人がよく、朝の五時ごろに市川や長野の家を襲ったからだ。朝の十時までに原稿を入れないと、印刷屋さんはその日のうちに台本を仕上げてくれない。台本がないと現場では作業ができないので、スタッフを一日遊ばせてしまうことになってしまう。

だから我々は、なんとか脚本家を五時に起こして、十時の〆切に間に合わせてもらわなければならないのだ。いつも放送ギリギリの作業をしていたので、必死だった。我々はその当時、台本を印刷する前に必ずその原稿に目を通すことを決まりとしていた。

だから、朝の五時だろうと夜の二時だろうと、原稿があがったという連絡が入れば、いつでも脚本家の指定する場所にかけつけた。この作業も十五年間続けたのだから、我ながらよくやったと思う。

その間、私の私生活はほとんどなかったといっていい。私ばかりではない。梅浦だって常に私と行動をともにしていたわけだから、私生活がなかったはずだ。

今考えてみると、私には子供がなかったので、こんなメチャクチャな生活をしてもかまわなかったが、梅浦家には、難しい年ごろのお嬢さんが二人もおられた。

お嬢さんがまだ寝ているうちに出かけてしまい、夜帰って来る父親にどんな感情をもたれたのか……大変悪いことをしてしまったと思う。しかし、お嬢さんは、お二人ともしっかりと、立派に育っておられるので、梅浦の奥様がさぞご苦労なさったのだろうと申しわけない気持ちでいっぱいだ。

プロデューサーのつとめ

梅浦との交流を書きはじめるといくら紙面があっても足りない。

それに、話がどんどんプライベートに走って、読者のみなさんには興味のないものになってしまいそうなのでこの辺でやめておくが、ひとつだけ書かせて欲しいことがある。

それは、今までの記述でもおわかりのように、梅浦はドラマを作る作業に従事している時、絶対に骨おしみしないということだ。人間だから、時に手を抜きたくなることもある。しかし、梅浦は、いつも笑顔でタフに仕事を遂行していた。私も彼に引っ張られて十五年間、『太陽にほえろ!』一筋の生活を送ってしまったような気がする。こういう人物がいなくては番組はヒットしないのだろう。

聞くところによると、最近のプロデューサーは、台本の原稿をファックスで印刷屋に直接放り込んでくれるよう脚本家に頼むそうだが、これでは良い番組ができないのではないだろうか。

オーバーな言い方をすれば、脚本家は命をかけてシナリオを書いてくれるのだ。プロデューサーが、それを直接とりに行くのは礼儀だと思う。そればかりか、そこでのシナリオライターとの会話が、番組をより良いものにしていく原動力になるものと信じている。こんな考えは古いと一掃されそうだが、私は敢えてこの努力をプロデューサー諸氏に要求したい。私の経験からしても、それは正しいと言えることだ。『太陽にほえろ！』があれだけ長い間、高視聴率をとり続けることができたのも、梅浦のこの「努力と悪運」のお陰と感謝している。

『太陽にほえろ！』が終わってもう三十年以上が経っている。しかし、我々二人の心の中にはあの頃と同じドラマ作りに対する情熱が燃え続けている。おそらく、この気持ちがなくなったら我々自身が「殉職」しなければならないのだろう。

梅浦との「くされ縁」は、まだまだ続くようだ。

私が選んだ『太陽にほえろ！』ベスト・エピソード100

『太陽にほえろ！』の台本作りには一つのルールがあった。それは、各作品ごとに、三行で言い表せる「狙い」を必ず盛り込むことであった。

脚本家が、先ず簡単なストーリーを作って来る。次に、我々プロデューサーが、その中から、その作品の「狙い」を探す。この「狙い」は、「刑事の心情」を表現しているものでなければならない。これが「刑事ドラマ」なのである。事件を刑事は「どういうふうに感じ、考えたか」、そして「どういうふうに対処したか」、その結果「どういう結果をもたらしたか」、「犯人、被害者、証人に対して、刑事が何をしたか」などを三行で纏めた「狙い」が必要なのである。

『太陽にほえろ！』の台本は、この「狙い」を、視聴者に共感してもらえるように解説したものである。そのため、この「狙い」が決まってから、再びストーリーを組み立て直した。極端な例では、最初のストーリーと全く違ったものになってしまったこともある。犯人が変わってしまったり、被害者が別人になってしまったこともしばしばだった。脚本家の方には、大変迷惑をかけたが、これが『太陽にほえろ！』のドラマ作りであった。

これから挙げる私が選んだ百選を、我々が、どのような「狙い」で、それぞれの作品と取り組んだか、そんな観点から読んで頂ければ幸いである。

第一話「マカロニ刑事登場！」

◎脚本／小川英、長野洋　監督／竹林進

マカロニ刑事の成長ドラマとして番組はスタートした。マカロニ刑事はピストルを撃ちたくて警官になったような変わり者だが、実際には人に拳銃を向けるとどうしても撃てない優し過ぎる人間として設定した。そのため、先輩のゴリさんを傷つけてしまうことになり、刑事という職業が決してカッコいいものではないことを身をもって悟る。

マカロニは、この後一三話で人を殺そうとして殺せない心境を味わい、二〇話でもっとも殺したくない人間を殺すことになる。なお、この回のゲストとして、犯人役で水谷豊が出演している。後楽園で行われた逮捕の場面で後楽園の観客席をネット裏から外野席まで全力疾走した二人の迫力ある走りは、いまだに私の記憶にハッキリと残っている。水谷はこれ以後、新人刑事が登場する度に教育係としてゲスト出演してくれた。「傷だらけの天使」もこの時の縁で、ショーケンの推薦により二人のコンビが誕生したのだ。

第二話「時限爆弾　街に消える」
◎脚本／小川英、武末勝　監督／竹林進

時限爆弾を仕掛けた犯人の言いなりになっていた山さんが、ここぞという時に一転してもの凄い迫力で犯人を落とすところは感動的でさえあった。このシーンは「山さんの怒り」として『太陽にほえろ！』のひとつの「売り」となった。

第四話「プールサイドに黒いバラ」
◎脚本／田波靖男、四十物光男　監督／澤田幸弘

『太陽にほえろ！』にはセミレギュラーとして、多くの俳優さんに出演願ったが、そのトップバッターがこの回の浜美枝だった。当時はまだ、浜美枝のような映画スターが、テレビドラマに出演してくれるなどということは考えられないことだったが、石

原の番組ということで出演してくれた。嬉しかった。なお、彼女も水谷と同じように新人刑事の教育係として、何回も当シリーズに登場している。

第八話「真夜中の刑事たち」

◎脚本／田波靖男、小川英、四十物光男　監督／竹林進

『太陽にほえろ！』ではそれぞれのレギュラー刑事の性格を売るために、幾つかの作品を意識的に作った。これは、殿下の優しい性格をアピールするために作った話である。殿下は『太陽にほえろ！』の中で何人もの女性に恋をするが、いずれも不幸な結末を遂げる。これも、殿下に与えた我々の特徴だった。殿下が不幸になればなるほど、女性視聴者は殿下を応援してくれた。母性本能をくすぐられるのだろう。なお、この回で第一話以来、初めて視聴率が二十％台に乗った。これでヒットの確信をつかんだ。

第一一話「愛すればこそ」

◎脚本／永原秀一、峯尾基三　監督／金谷稔

『太陽にほえろ！』では当時ヒットしていた「ホームドラマ」の要素を意識的に入れようと思い、山さんの愛妻物語をシリーズで組んだ。この作品はその第一回目のものだが、二〇六話の「妻の死」まで、いずれも素晴らしい作品に仕上がったと思う。中でも二回目の二〇話で、人質に取られた妻のために、泥の中に落ちたリンゴをかじるシーンは圧巻だった。露口にしか出来ない芝居だった。ただし設定では、この家庭も奥さんが心臓病に悩まされていて、幸せではなかった。

第一四話「そして拳銃に弾をこめた」

◎脚本／長野洋、小川英　監督／手銭弘喜

この話で、ゴリさんが人を傷つけたくないために、ピストルに弾をこめないという

『太陽にほえろ！』の基本テーマとなる設定を披露した。この設定は、度々ゴリさんを危機に追いこんだが、その度、素晴らしいドラマを生んだ。ゴリさんは、射撃の名人でもあった。

第一九話「ライフルが叫ぶとき」

◎脚本／石森史郎　監督／金谷稔

この話ではボスの「厳しさ」を表現した。ボスは、ゴリさんに「犯人を射殺すること」を命じる。しかも、ボスはゴリさんの「人を撃たなければならない苦しみ」を自分のこととして受け止める。我々は、ボスをチームの長として、優しさ、包容力を持った人物と設定したが、時として見せる「厳しさ」の中に本当の優しさを表したかった。石原なら、その狙いを間違いなく表現してくれると思ったからだ。事実、そのために番組は成功し、石原の人気も最高潮に達したのだと思う。現代に失われがちな父権の確立である。

第二二話「刑事の娘」

◎脚本／長野洋、小川英　監督／山本迪夫

この話では、長さんの家庭を紹介することにした。そして、シリーズの進行に合わせてこの家族も歳をとっていった。娘は、年と共に成長し（同じ役者で）、結婚式を挙げるまでになる。この家庭は『太陽にほえろ！』唯一の幸せな家庭とした。シリーズの後半になると、この家庭の出てくる話はいつも視聴率を稼いでくれた。

第二四話「ジュンのお手柄」

◎脚本／田波靖男、四十物光男　監督／金谷稔

この話で初めて「犬」が登場する。そしてこの話の成功により、一三二話から八回に渡り「警察犬シリーズ」を作った。段々と「犬」にも「人格（?）」が生まれ、最後には「悪い犬を改心させる話」まで登場した。台本に「犬が笑う」というト書があ

り、監督を悩ませたこともある。

第二五話「手錠が朝日に光った」

◎脚本／鴨井達比古、小川英　監督／金谷稔

『太陽にほえろ！』の刑事達は、所轄署の刑事なので他県へ出張することはほとんどないはずなのだが、七曲署の刑事達はよく旅に出た。旅に出ると役者、スタッフのチームワークが良くなるし、東京では撮影出来ない「市電と車の追いかけっこ」等が撮れるので効果があった。終いには、外国ロケも何回か行った。こちらの方は、多分にスタッフ・キャストの慰労の意味があった。

第三五話「愛するものの叫び」

◎脚本／鎌田敏夫　監督／土屋統吾郎

ショーケンの最初の奥さんがゲスト出演している話である。脚本家鎌田敏夫の書いてくれた作品で、マカロニが惚れた相手が実は犯人で、彼女を泣きながら逮捕する場面は、当時の若者の涙を誘った。また、この話は松田優作がチョイ役で試験出演していることで有名になってしまった。

第三六話「危険な約束」

◎脚本／市川森一、山田正弘　監督／山本迪夫

この辺にくると、撮影スケジュールが押してきて、パンクしそうになってしまった。そこで、セットひとつでほとんどまかなってしまえる（効率的な撮影が出来る）ストーリーを考えた。この手は、スケジュールの都合上、当シリーズで度々用いられた。

第四一話「ある日女が燃えた」

◎脚本／鎌田敏夫　監督／土屋統吾郎

山さんの「怒り」の魅力は二話で実証されていたので、ここにその魅力を十二分に発揮出来る作品を用意した。また、この作品で見せてくれた「山さんの推理劇」も、番組の売りものとなった。とりわけ「子供向け」と言われていた本作を、大人の、しかも知識人の鑑賞に堪え得るものにしてくれたのも、この「山さんの推理劇シリーズ」に負うところが大きい。これは四九、七一、一三三話と続いていく。

第四四話「闇に向って撃て！」

◎脚本／市川森一　監督／斎藤光正

セミレギュラーとして藤岡琢也が登場する。「鮫さん」という愛称で、いつも笑いをふりまいてくれるこの鮫島刑事は、脚本家市川森一の創作によるものだ。あまりに面白いので、以後、ボスの友人として何回も登場する。六七、八九、一五六は刑事役での出演だが、刑事を辞めてからも色々な職業に変わって出てくる。「今度はどんな職業に変身して登場して来るのか？」その興味さえ生まれた。

第四八話「影への挑戦」
◎脚本／小川英、鴨井達比古　監督／土屋統吾郎
『太陽にほえろ！』は事件物として、犯人を捕まえるまでを大筋としているのだが、この話では最後まで、犯人が捕まらない。面白い試みだと思う。

第五二話「13日金曜日マカロニ死す」
◎脚本／小川英　監督／竹林進

マカロニ刑事の殉職である。ショーケンは「刑事としてではなくふつうの若者として全くの無駄死にをしたい」と言ってきた。これを聞いたメイン脚本家の小川英は、インスピレーションに打たれ、アッという間に書きあげた。小川が誰の手も借りずに書き下ろしたのも、催促なしで出来あがったのも、我々監督・プロデューサーチーム

からひとつも注文がつかなかったのも、七百十八本中でこれ一本だけである。おそらく小川も、この作品を『太陽にほえろ！』の中で一番愛していたことと思う。

第五三話「ジーパン刑事登場！」

◎脚本／鎌田敏夫　監督／高瀬昌弘

ジーパン刑事の登場編である。その登場の仕方には気を遣った。見るからに刑事らしくない容貌でデビューするわけだから、もっとも刑事らしくない場面から登場させたいと思い、留置所の中からの登場を思いついた。はじめは小川も驚いていたが、すぐ賛同してくれて、あのようなシーン（留置所からの初出勤）が生まれた。新人を登場させる場合、そのファースト・カットがいかに大事かを身をもって体験したわけである。優作の、あの欠伸の演技も素晴らしかった。あれひとつで、「ジーパン刑事」のスケールの大きさを表現してくれた。

第五七話「蒸発」

◎脚本／鴨井達比古　監督／斎藤光正

ジーパンのアクションを見せたいがために、一係室のセットの中でアクションをやらせた。この時、たまたまセットを建て替える案があったので、思い切ってそのセットを壊すことにした。『太陽にほえろ！』では企画段階からこの「破壊の魅力」を、売りものにしていた。

第六三話「大都会の追跡」

◎脚本／鎌田敏夫　監督／竹林進

スピルバーグの『激突』にならって複雑なストーリーをやめ、犯人と刑事の追いかけっこだけで一時間見せてしまおうと思い、作った作品である。ただ単なる追いかけっこだけでは、やはり一時間もたないので、仕掛けを大きくしようと考えた。そこで、巨人軍にお願いして巨人・阪神戦の公式戦の最中にロケをやらせてもらうことにした。試合中に役者が動くと観客の気が散るので、撮影場所の移動はチェンジの間にのみ行ってくれという注文がついた。五万人のエキストラを使えたことによってもの凄い迫力を生んだが、実際の撮影はしんどかった。まず後楽園の観客席が広いことと、全部階段になっていることが肉体的に苦しかった。次に観客席も見た目は明るいが、照明はグランド中心に当てられているので、観客席そのものはかなり暗いことを知った。内野席から望遠で、外野席にいる犯人をアップでとらえようとしたら、何も映らなかった。いい勉強をさせてもらった。

第六五話「マカロニを殺したやつ」

◎脚本／長野洋、小川英　監督／山本迪夫

殉職劇があまりにも成功してしまったので、視聴者から「あの犯人を捕まえてくれ」という投書が殺到した。そこで、急遽作ったのがこの作品である。この頃から、番組の中で我々が設定した事件に対しての視聴者の意見がたくさん舞い込むようになった。そこで我々は、その意見に出来るだけ応えていこうと考えた。ブラウン管を通して視聴者との交流をはかったのだ。その結果、知らないうちにファンクラブが出来てしまったり、投稿シノプシスがたくさんくるようになった。ヒットするテレビ番組には、このような視聴者との交流が必要なのだとつくづく思った。

第七〇話「さよならはいわないで」

◎脚本／柏倉敏之　監督／児玉進

この回から、殿下の一回目の恋愛劇が始まった。八七話で死に別れる。

第七二話「海を撃て!!　ジーパン」

◎脚本／鎌田敏夫　監督／竹林進

この回のラストで、ジーパンが突堤を走った姿が評判になった。本当に素晴らしかった。あの魅力は、おそらくジーパンにしか出せないものだろう。後年（優作の最後の作品となってしまったが）、ジョイナーと走らせてみたいと思ったのも、私の頭にこの時のジーパンの姿が焼きついていたからだ。この回でジーパンも、初めて人に向かってピストルを撃った。

第七七話「五十億円のゲーム」

◎脚本／小川英、武末勝　監督／児玉進

「水源地に、青酸カリを投げ込む」という脅迫状が舞い込んで事件が始まるストーリーを考えた。実際に水道局に問い合わせてみると「相当の量が投げ込まれないと問題にはならない」という返事だった。しかし、素人考えだとかなり危ない。犯罪をマネされることを一番恐れていた我々『太陽にほえろ！』チームは、その対策として、「おことわりのテロップ」を番組の途中に入れることにした。せっかく盛り上がった場面で、「青酸カリを入れても、何の意味もありません」というテロップを三秒間入れるわけだから、視聴率が下がってしまうという声もあったが、結果は、このテロップのおかげでかえってサスペンスがかり、おまけに『太陽にほえろ！』チームの良心も認められ、大成功した。
しかし、こんなことをやった番組は後にも先にも本作くらいのものだと思う。

第七九話「鶴が飛んだ日」

◎脚本／長野洋　監督／竹林進

女子高校生の一視聴者から送られてきたシナリオを基に作られた作品。山さんと、殿下のファンは、二人が協力して「麻薬」と闘う姿が見たかったのだと思う。シナリオとしても良く出来ていたし、早速採用させてもらうことにした。この話の中で、露口と小野寺が実際に手錠につながれ、手首を血だらけにして演じてくれた迫真の演技は素晴らしかった。この話をきっかけにして小野寺の人気も急上昇したし、番組のチームワークも一段と強化された。記念すべき作品である。

第九四話「裏切り」

◎脚本／鎌田敏夫　監督／木下亮

当時、視聴率が三〇％を超すということは夢のようなことで、考えられないことと
されていた。だが、この回で簡単にクリアーした。なんかあっけない気がしたのを覚
えている。

第一〇〇話「燃える男たち」

◎脚本／小川英　監督／竹林進

放送百回記念作品。

このころになると、『太陽にほえろ！』の魅力は刑事達のチームワークの良さだと
言われるようになった。そこで、百回という記念すべき作品のテーマにそれを選んだ。

第一一一話「ジーパン・シンコその愛と死」

◎脚本／小川英　監督／山本迪夫

ジーパンの殉職劇である。ショーケンの時は、日常的な出来事としての「死」を選んだが、今度はジーパンの性格を考えて、刑事としての活躍の場での「死」とした。しかし、ムダ死にであることには変わりはない。七〇年安保の余韻がまだ消えていない時代の若者の挫折感を美化するためには、これがもっとも適当と思われたからだ。その上、我々は、さらに視聴者の涙を誘うためにジーパンが人生の上でもっとも幸福だと思った瞬間に殺してしまおうと思った。殉職劇の行われる数回前からオシンコ刑事との恋愛劇を進行させたのである。あざとくも、結婚の約束までさせてから殺してしまった。本文中にも書いたが、昔、私のドラマの師匠から「忠臣蔵の四十七士は、仇討ちが成功し、もっとも幸せに思っている時に切腹を申しわたされたので英雄になったのだ」と言われたことを思い出し、このような筋書きにしたのだ。

第一一二話「テキサス刑事登場」
◎脚本／小川英、四十物光男　監督／竹林進

視聴率が三十％を超えるようになると、若者向けの作品だけでは成り立たなくなってしまった。そこで、主役の若手刑事も、年配者から受け入れられる人物にしようと考えた。ジーパンが長髪で、「あんな刑事はいない」という非難が多かったので、次なる刑事には髪の短い俳優をキャスティングしようと思ったのである。そんな時、理想通り目の澄んだひとりの若者が現れた。勝野洋である。勝野は、俳優としては優作よりいささか劣っていたが、スポーツマンとしての素晴らしい瞬発力を持っていた。彼の素直さも、視聴者の温かい声援を受けた理由だと思う。

第一二二話「信念に賭けろ！」
◎脚本／長野洋　監督／竹林進

ゴリさんの恋人が登場。一五一話でその恋愛も進展するが、二〇〇回記念の特別番組で別れた。そして、三一〇話で別の男と結婚してしまった彼女と再会する。シリーズを長く続けていると、こんな面白いドラマも生まれる。

第一二五話「友達」

◎脚本／鎌田敏夫　監督／山本迪夫

この話のゲストで小倉一郎が出演した。勝野ととてもいい感じだったので、『俺たちの朝』で二人の共演を実現した。

第一二六話「跳弾」

◎脚本／金子成人　監督／小澤啓一

『太陽にほえろ！』でシナリオ募集をしたところ、「跳弾」という非常に面白い作品が送られてきた。しかし、その原稿を見ると、倉本聰の書き方に良く似ていて、おまけに字もそっくりだったので、はじめは彼が我々をおちょくるために送ってきたのかと思った。そこで、倉本に電話してみると「彼は俺の弟子なんだよ」ということだった。今、脚本家のトップクラスにいる金子成人である。

第一二八話「夢見る人形たち」

◎脚本／小川英、杉村のぼる　監督／山本迪夫

小野寺昭が昔、人形劇団にいたことがあるというので、人形劇団を舞台にしたこの作品を作った。また、この作品にはまだ十代の浅野ゆう子が「お茶くみさん」として出演している。彼女が石原に会っての第一声が「あら、私の方が股下が長い」だった。石原は目を白黒させていた。

第一二九話「今日も街に陽が昇る」
◎脚本／小川英、大山のぶ代　監督／澤田幸弘

テキサス刑事の時代になると、主婦の視聴者も増えてきた。しかし、『太陽にほえろ！』チームには主婦感覚を持った脚本家がいなかった。ちょうどそんな時、かねてから知り合いだった大山のぶ代がシノプシスを持ってきてくれた。女性でなければ思いつかないようなストーリーだった。この話以後、大山のぶ代は重要なライターとなった。

第一三三話「沈黙」
◎脚本／長野洋　監督／竹林進

この作品や、一九五、二四二、二六八話の四本は『太陽にほえろ！』の中でも推理劇として特に優れた作品であると思う。私の好きな作品でもある。

第一五〇話「わかれ」

◎脚本／小川英、四十物光男　監督／竹林進

当時、役者の人気を保つためにファンクラブを設立することが流行っていた。しかし、ファンクラブを作るためには資金が入り用だった。そこで、レコードを出してその資金を捻出することにした。幸い当時は、番組の中で歌うとドーナッツ盤という二曲入りのレコードがよく売れた。この話の中で、小野寺昭が『白いページ』という歌を歌った。なお勝野洋も、二〇八話で『ひとり立ち』という歌を歌っている。

第一六三話「逆転」

◎脚本／小川英、杉村のぼる　監督／竹林進

山村刑事が、西村晃演じる犯人と取り調べ室で対決する。二人だけで、なおかつ、

ほとんどのドラマが取り調べ室の中だけで進行するので、二人の演技力にのみ頼った試みであった。かなりの冒険だったが、結果は大成功だったと思う。

第一六七話「死ぬな!テキサス」

◎脚本/長野洋　監督/竹林進

ショーケン、ジーパンがちょうど一年目に殉職していたので、テキサスが入って一年目に当たるこの話で殉職するのではないかと思った視聴者から、「助命嘆願書」がたくさん届いた。そこで、これを利用しない手はないと思い、このタイトルでテキサスが死にそうになるストーリーを作った。案の上、視聴者はハラハラしながら見てくれたようだ。

第一六九話「グローブをはめろ!」

◎脚本/長野洋　監督/児玉進

宮内淳扮するボンボン刑事の二話目である。この話の中で、ボクシングをするシーンがあるのだが、まだ新人の宮内は、遠慮して相手を思い切り殴れない。そのため、どうしても迫力が出ないのだ。それを見た竜雷太がやおらリングに上がり、自分の顔をボンに打たせながらボクシングの演じ方を教えた。終わった時、竜の顔は腫れあがっていたが、宮内はこの時の経験で、『太陽にほえろ!』四人目のスターになった。『太陽にほえろ!』の新人達はみな、このようにして先輩の力を借りて育っていったのである。

第一七七話「海に消えたか三億円」

◎脚本/畑嶺明、小川英　監督/児玉進

当時、「三億円事件」という有名な迷宮入り事件があったので、この事件を七曲署の刑事達に推理させようと作った話である。従って、事件そのものや発生場所などは本当の事件と同じものにして、そこから先の事件解決に向けての動きを、『太陽にほえろ！』チームの推理によるものとした。

第一九二話「2・8・5・6・3」

◎脚本／中村勝行、小川英　監督／児玉進

石原が初めて映画に出演した時のお芝居の先生が奈良岡朋子さんだったことから、石原は奈良岡を大変尊敬していた。そんなことから、「じゃ二人だけでやってみませんか」ということで生まれた作品だ。

第二〇一話「にわか雨」

◎脚本／田波靖男、小川英、柏倉敏之　監督／澤田幸弘

長さんの娘が天気予報官（柴俊夫）と婚約した。ちょっと面白い予報官に設定されていた。その後、二三五、二四八話で結婚した。「花嫁の父」物語を長さんが演じた。

第二一五話「七曲署一係・その一日」

◎脚本／小川英、井筒弥生　監督／山本迪夫

何も事件のない日の警察の一日を描いてみようとした実験劇。楽しく暖かい作品が生まれた。

第二一七話「スコッチ刑事登場！」

◎脚本／小川英、四十物光男　監督／竹林進

スコッチ刑事登場編。五年目に入り、さすがに『太陽にほえろ！』にも危機が迫ってきた。これだけ長く番組を作っていると、知らず知らずのうちに「なれ合い」になってしまう。そこで「強い異物」を入れ、七曲署にドラマ上の波風を立てることにした。しかし、『太陽にほえろ！』のレギュラー達は「もの凄い力」を持っていて、こ

れに対抗していくのは並み大抵のことではなかった。新人俳優ではとても無理と考え、沖を入れることにした。沖とは、前に『さぼてんとマシュマロ』（一九七一年）という番組で一緒に仕事をしていたし、『太陽にほえろ！』の一〇話に出てもらっている。拝み倒して出てもらった。本文中にも書いたが、沖は、この難しい役を果たすために強いプレッシャーを受け、病に倒れてしまったのではないかと思うと悪いことをしてしまったと後悔している。彼にしろ、優作にしろ日本の映像界になくてはならない人物を失ってしまったことを非常に残念に思う。

第二四七話「家出」

◎脚本／小川英、杉村のぼる　監督／斎藤光正

殿下のファンで、番組を毎週欠かさずに見ていたという娘さんを持った父親から、家の娘が家出をして行方がわからなくなってしまったので「父親が心配しているから家に帰るように」とテレビを通じて知らせて欲しいという依頼があった。何とかしたいと思ったが、番組の中でそんな告知をするわけにもいかず、それでは同じような設

定のドラマを作って呼びかけてみましょうということになった。そこで、作品の中で殿下が家出した娘に対して「父親が心配しているから早く家に帰るように……」と説得した。ところが、不思議なことにこの作品を放送する数日前に、娘さんが東京で見つかったという報せを受けた。世の中は実に面白いものだと思う。

第二六〇話「宝くじ」

◎脚本／小川英、杉村のぼる　監督／吉高勝之

この回から、ボンとロッキーをコンビにして売りだそうと考えた。この二人の刑事のやや喜劇的なアクション物は、後に『あぶない刑事』へとつながっていく。

第二六六話「逃亡者」

◎脚本／小川英、山崎巌　監督／竹林進

初めての海外ロケものである。オーストラリアに出向いた。このロケで、撮影隊のスタッフが勘定書をもらおうと、「ビル、プリーズ」と言うとビールが出てきてしまい、ぐでんぐでんに酔っぱらってしまったという武勇伝もあった。

第二六七話「追跡者」

◎脚本／長野洋、小川英　監督／竹林進

今では考えられないことだが、『太陽にほえろ！』はプロ野球の巨人戦があっても放送を休まなかった。それがこの回、王選手の七百五十六本目のホームラン世界記録がかかった日に当たってしまったので、会社は『太陽にほえろ！』を一回休んで、野球を放送したいと言いだした。しかしこの回は、運が悪いことにオーストラリアにロケした前後編の後編にあたっていたので、まだ若かった私は「なぜ『太陽にほえろ！』の放送をやらせてくれないのだ！」と上司に食ってかかったことを覚えている。こんな勝手なことを言えるほど、『太陽にほえろ！』は強かったのである。

第二六九話「みつばちの家」

◎脚本／小川英、柏倉敏之　監督／小澤啓一

このころ、あまりにも高い視聴率を獲得出来たので、何か社会の役に立つことは出来ないかと思い、番組を通じていくつかのメッセージを投げかけることにした。この話はその第一弾で、大田区に「見ず知らずの若者と老人が同居して生活をする」という面白い老人問題解決法があることを知ってその話をドラマに採り入れた。こういうことをしている人がいることを視聴者にぜひ知ってもらいたかったのだ。二八四話はその続編である。

第二九七話「ゴリ、爆走！」

◎脚本／小川英、柏原寛司　監督／山本迪夫

この回の放送の日、ＴＢＳが「キャンディーズの解散コンサート」を中継した。そ

のために、『太陽にほえろ！』の視聴率が十五％台に落ちた。それまで、各局ともこの枠から逃げていたので全くこんなことはなかった。しかし、実際には番組の力も落ちていたのだ。

この「キャンディーズ」の番組以来、各局とも『太陽にほえろ！』に色々な番組をぶつけてきた。中でもこの時から一年後に登場した『金八先生』にはだいぶ手をやいた。

第二九九話「ある出逢い」

◎脚本／畑嶺明、小川英　監督／竹林進

殿下の新しい恋人が登場。しかし、この恋物語も悲しい結末を迎えることに。彼女は三一一話で、殿下の身代わりになって、下半身不随になってしまう。三三五話で治療のためにアメリカに渡り、殿下としばしの別れとなる。そして、四〇二話で彼女の帰国の日、殿下は成田へ彼女を迎えに行く途中、交通事故で死んでしまう。

第三〇〇話「男たちの詩」

◎脚本／小川英、四十物光男　監督／竹林進

一〇〇話についで、記念回として『太陽にほえろ！』チームの活躍を描いた。この話でボスが撃たれるのも印象的だった。

第三〇一話「銀河鉄道」

◎脚本／小川英、塩田千種　監督／木下亮

当時、なぜか少年少女の自殺が多発した。そこで『太陽にほえろ！』チームは、なんとかそんな自殺を思いとどまらせようとこの話を作った。山さんが自殺しようとしている少女に、命の大切さを切々と説いた。

第三一二話「凶器」

◎脚本／長野洋　監督／竹林進

ボスの大アクションを披露した。ふつう、このような大アクションをする時には肘とか膝にサポーターをして（服の下に）安全を期すのが常識になっていたが、石原はあえてそのようなことはせず、千葉真一の弟、矢吹二朗と大アクションを展開した。さすが日活のアクションスターと、スタッフ一同感嘆した。

第三五五話「ボス」

◎脚本／鎌田敏夫　監督／竹林進

ボスを主人公にした鎌田敏夫の最高傑作で、実に見応えのある作品に仕上がった。犯人を捕まえるのが「刑事もの」の常道だが、この話では、すでに捕まっている犯人（？）の無罪を証明してしまう。このころは石原も大変元気で、主演作も多かった。

番組開始八年目のことである。

第三六四話「スニーカー刑事登場！」

◎脚本／小川英、四十物光男　監督／竹林進

この頃になると、新人刑事の登場もマンネリ化してきたので、知恵が必要になってきた。この回に登場する新人刑事は、「ボン」からスニーカーをもらった刑事として設定。「ボン」の気持ちを受け継ぐ刑事として登場させた。

第三八〇話「見込捜査」

◎脚本／小川英、尾西兼一　監督／山本迪夫

一六三話の成功で、山村刑事が容疑者と一対一で対決するシリーズを組むことにした。三九三、四〇五、四三八話と続く「対決シリーズ」である。

第三八二話「甘ったれ」
◎脚本／長野洋　監督／木下亮

長さん役の下川が、文京区の盲学校を訪ね、目の見えない少年が果敢に自転車に乗っている風景を目の当たりにして、ひどく感動したという話を聞き、その盲学校を舞台にしたストーリーを考えた。二六九、二八四、三〇一話につながる「社会還元ドラマ」の流れをくむものとして好評を博した。

第三八四話「命」
◎脚本／小川英、古内一成　監督／櫻井一孝

毎回、次なる新人刑事を探して百人近くの若い俳優と面接を行うが、最後までひとりに絞りきれないことがある。しかし、実際には、どうしてもひとりに絞らなければ

ならない。この面接に落ちた俳優は運に恵まれなかっただけだと思ってもらいたい。

この回に登場する横谷雄二もそんな「運の悪かった」ひとりである。彼はもの凄く面白いキャラクターを持っていた。そしていつの日か、新人刑事として活躍したいと強く願っていた。我々も、機会があったら彼を抜擢しようと考えていた。しかし、残念ながら番組終了までその機会はなかった。彼には、本当に悪いことをしたと思う。

彼ばかりではない。『太陽にほえろ!』では多くのスターを生んだと良く言われるが、多くの有能な俳優の将来を誤らせてもいる。この紙面を借りて、その人達に心から謝りたいと思う。

第三八五話「死」

◎脚本／小川英、四十物光男　監督／児玉進

当時「親が半人前だから、子供の躾けが出来ない」ということが問題になっていたので、その問題を採りあげ、「死」の意味を充分に理解出来ない子供の殺人事件を想定してみた。

この辺りでは番組の高視聴率を何とか社会のために役立てたいと、当時問題になっていた事象を採りあげ、それについて視聴者が家庭で話しあってもらえたら……と考えていた。

第三九一話「黄色いボタン」

◎脚本／小川英、古内一成　監督／櫻井一孝

三八五話の考え方にそって、今度は「老人問題」を考えてみた。四八四、五五四話と続く。特に『太陽にほえろ！』には若い視聴者が多かったので「老人」のことを考えてほしかった。

第三九四話「鮫やんの受験戦争」

◎脚本／畑嶺明、小川英　監督／竹林進

セミレギュラーとして出演していた鮫島刑事（藤岡琢也）が、刑事を辞め、民間人として、再登場している。この回では、受験戦争を助ける塾の経営者役だった。視聴者に、今度彼がどんな職業で出てくるかの期待を持たせた。四七二話ではモデルのプロダクションと続き、『太陽にほえろ！』にはなくてはならないゲストとなった。鮫島刑事のやるメチャクチャ振りが、規則一辺倒に苦しめられていた当時の中学、高校生に受けたものと思う。

第四〇六話「島刑事よ、さようなら」
◎脚本／小川英、古内一成　監督／児玉進
『太陽にほえろ！』の視聴者の大部分が女子中高生なので彼女達が一度は通る道の「先生に対する憧れ」をドラマにした。大人向けのドラマ、子供向けのドラマはあるが、その中間に位置する中高校生に見せるドラマがなかったので、よくこの年齢層を狙ってドラマを作った。

第四〇七話「都会の潮騒」

◎脚本／柏原寛司　監督／鈴木一平

「刑事のホームドラマ」を狙いのひとつにしている『太陽にほえろ！』では、ロッキーと早瀬婦警を夫婦にして、若いカップルのドラマを作ろうとこの話から二人を接近させた。四二〇、四六四話と結婚、双子誕生のドラマへと続いていく。また、この回で木之元は挿入歌を披露した。

第四一五話「ドクター刑事登場！」

◎脚本／長野洋　監督／澤田幸弘

ここからドック刑事こと神田正輝が登場する。この神田正輝の登場は、番組のカラーを一変した。このころになると七十年安保の後遺症も薄れて世の中は落ちつきを取り戻し、「喜劇」全盛の時代に入ってきた。そこで「真面目路線」を採ってきた『太陽にほえろ！』も、大きく「喜劇路線」に切り換えることにしたのだ。四二八話では、犬まで「喜劇的芝居」をしている。

第四三二話「スリ学入門」

◎脚本／小川英、古内一成　監督／山本迪夫

ドックが老スリのもとに入門する。これ以降、ドックは色々な元犯罪者に入門する。四五九話では詐欺師に……そして、その技によって犯罪を解決していく。ドックのキャラクターあって初めて出来ることだった。

第四三九話「ボスの告発」

◎脚本／小川英、古内一成　監督／山本迪夫

少女のセックスがいろいろな形で問題にされてきたので、ボスを主人公にしてレイ

プされた高校生の問題と対決する。シリーズの中の二つ目のセックス絡みの話であるが、あくまでもそんな罪に対する糾弾と怒りを強調した。

第四四九話「ドック刑事　雪山に舞う」

◎脚本／長野洋　監督／鈴木一平

神田のスキー術を披露するために作った話。吹き替えにきたスキーヤーより神田の方がうまかったという話あり。神田のスキーはまさにプロ並だった。後の方の話で背広のまま水上スキーをやり、洋服を全然濡らさなかったというエピソードもある。スキー、テニス、ゴルフの達人である。

第四五二話「山さんがボスを撃つ!?」

◎脚本／小川英、加藤宏美　監督／山本迪夫

視聴者の投稿を基に作った話である。山さんがボスを撃つ話。我々にはとても考えられないストーリーだったので非常に驚いたが、視聴者の立場に立ってみると、確かに一番見たい場面かも知れない。いい勉強になった。人間の信頼の極致ともいうべきテーマだ。

第四五九話「サギ師入門」
◎脚本／古内一成、小川英　監督／山本迪夫

誠に残念なことだが、この回からボスが欠場する。
それまで「どんなことがあっても、視聴者を失望させてはいけない」と休まず頑張ってきた石原もとうとう病には勝てず、半年間、クリスマスの日まで出演出来なかった。その間、ドラマの上でも病気で倒れたことにして復帰の日を待つことにした。「ボスの代役を立てたら……」という声も聞かれたが、我々はあくまで石原の帰りを待つことにして、ボスの机には誰も座らせなかった。そして、ボスの存在感を出すためにボスのいない机に向かって「ボス！　こういう時は、どうしたらいいのでしょ

かった。

う？」などという芝居も組んだ。

こんな我々の気持ちが視聴者にも通じ、視聴者も心からボスの復帰を願ってくれた。千羽鶴にはじまり、心のこもった石原へのお見舞いがたくさん届けられたことも嬉しかった。

第四六二話「あなたにその声が聞こえるか」

◎脚本／小川英、尾西兼一　監督／竹林進

聴覚の不自由な視聴者から『太陽にほえろ！』が好きだが、俳優さんの声が聞こえないのが残念という投書をもらった。そこで、そんな人たちのために作った作品。ゴリさんの恋人を、耳が聞こえない設定にして、画面の片隅に手話通訳を入れた。ドラマの中に、手話通訳が入るのは非常に珍しかったのではないかと自負している。『太陽にほえろ！』ではこのような色々な実験的な試みをしている。これも、高視聴率を獲得したおかげだ。

第四七五話「さらば！　スニーカー」

◎脚本／小川英、四十物光男　監督／山本迪夫

スニーカーをそろそろ卒業させようと思ったが、実際の警察官の奥さんから「刑事を殺さないで欲しい」という投書があり、この回では殺すのを避け、故郷に帰るという設定にした。その奥さん曰く「刑事という職業が危ないものという印象を与えると、刑事になり手がなくなってしまう」ということだった。

第四七六話「ラガー刑事登場！」

◎脚本／長野洋　監督／山本迪夫

この回から渡辺徹が登場するが、このころになるとテレビの視聴者層がどんどん若返って十代のアイドルがもてはやされるようになった。そこで『太陽にほえろ！』でも「アイドル」を作ろうということになり、候補者の中から一番若い彼を選んだ。そ

して、彼に歌を歌わせ、若者向きのCMに出演させた。神田と渡辺の登場は『太陽にほえろ!』を大きく変えた。

第四七九話「怒りのラガー」

◎脚本/畑嶺明、小川英　監督/竹林進

渡辺徹という若い刑事を作り上げたために、初心に返って「刑事の成長ドラマ」を作ることにした。「人間の成長ドラマ」は、「青春もの」の原点でもある。

第四八九話「帰って来たボス―クリスマスプレゼント―」

◎脚本/小川英、古内一成　監督/竹林進

この回、クリスマスの日にボスが不死身のごとく復活する。我々にとってなんとも嬉しい出来事だった。おまけに、宍戸錠、長門裕之が非常に喜んで出演してくれてとても嬉しかった。

第四九〇話「われらがボス」

◎脚本／小川英、尾西兼一　監督／竹林進

病気が癒えて帰って来てくれたボスを迎えるために作った話。一係室だけの出演で、ボスの厳しさと優しさを出せた作品として自負している。

第四九三話「スコッチよ静かに眠れ」

◎脚本／長野洋　監督／竹林進

ジョン・フォードの『荒野の決闘』で、ヴィクター・マチュアが肺結核で咳をし、血を流しながら死んでいくのがとても印象的だったので、スコッチにもそんな死に方をしてもらった。

第四九四話「ジプシー刑事登場!」

◎脚本/小川英、古内一成　監督/竹林進

そして、沖の後に『必殺仕事人』で「スコッチ的カッコ良さ」を売りものにしていた三田村邦彦を入れた。しかし、やってみると結構、喜劇もうまいのでこのシリーズを去るころにはドック、ラガーと三人で「ミワカントリオ」を組み、漫才的なかけあいを披露するようになっていた。その方が彼が本来持っている「人の良さ」が出て番組に合っていたのかも知れない。

第四九七話「ゴリさんが拳銃を撃てなくなった!」

◎脚本/小川英、古内一成　監督/桜井一孝

これまで、ゴリさんの超人的強さばかり強調して来たので、この回で彼の弱さを出

してみた。彼を助けるのは、耳の聞こえない恋人。本当に強いのは誰かを問うた。

第五〇〇話「不屈の男たち」

◎脚本／長野洋　監督／竹林進

百回記念作品以来、『太陽にほえろ！』は刑事達のチームワークの良さを売りものにしてきたが、五百回記念番組もこの点をテーマにして作りあげた。

第五〇九話「列車の中の女」

◎脚本／小川英、尾西兼一　監督／山本迪夫

その頃、警視庁の偉い人に「容疑者の護送を誰にやらせるかを決めるのが警察の上司の大切な仕事である」と言われた。容疑者を落とすのには、一体感が生まれやすい護送中が一番いいというのは分かる気がする。そこで、「護送」の話を作った。考え

てみれば『太陽にほえろ！』が初めて三十%を超えのも、「護送」の話だった。

第五二〇話「野崎刑事・カナダにて最後の激走」

◎脚本／小川英、尾西兼一　監督／山本迪夫

放送開始十周年を迎えてカナダロケを敢行し、ロッキー山脈に憧れている山男ロッキーをロッキー山脈の中で殉職させた。私事になるが、これまで仕事に追われていて、一度も外国へ行ったことがなかった私も、このシナリオハンティングで初めて海外へ行かせてもらった。梅浦プロデューサー、シナリオライターの小川との旅はいい思い出になった。

第五二一話「ボギー刑事登場！」

◎脚本／長野洋　監督／竹林進

十周年を迎えてさすがに少し番組の力が衰えてきたので、ショーケン的迫力のあるタレントを起用しようということになった。ショーケンの時に倣い、歌手の中から選ぶことにした。そして、世良公則を口説いた。

第五二五話「石塚刑事殉職」

◎脚本／小川英、長野洋　監督／竹林進

竜がこの番組を去る時、ひとつの時代が終わったという感じがした。竜のこれまでの功績を讃えて、ゴリさんの殉職編を、初めて一時間半のスペシャル版として放送した。

第五二六話「井川刑事着任！」

◎脚本／小川英、古内一成　監督／山本迪夫

竜の後任に地井武男を選んだ。地井は『太陽野郎』（一九六七年）という番組で一緒に仕事をした仲であった。『太陽にほえろ！』にもゲストで何回か出演してもらっていた。竜なき後に私が最も信頼出来る俳優であった。彼には、長さんの役までこなしてもらうことにした。しかも、長さんの家庭は幸せな家庭だったが、彼にはあえて不幸な家庭を設定させてもらった。その意味では、山さんの家庭の意味も持たせた。五七二話では離婚している。

第五三四話「俺の拳銃が無い！」

◎脚本／小川英、尾西兼一　監督／山本迪夫

「刑事というのは、人に嫌われて初めて一人前なんだ！」という「刑事哲学」を披露した。この哲学は『太陽にほえろ！』の「裏返しのテーマ」である。

第五四六話「マミー刑事登場！」

◎脚本／小川英、尾西兼一　監督／山本迪夫

関根恵子以来十一年ぶりの女性刑事の誕生となった。

第五五五話「一枚の絵」

◎脚本／小川英、古内一成　監督／高瀬昌弘

『太陽にほえろ！』のシナリオ募集で当選し、小川グループに入ってきた古内一成がスランプに陥っていた時、「台本は頭で書くのではなく、実際に足で世の中を見て書くんだ！」という小川師匠の言葉に発奮し、書いてきた傑作。一日中、山手線を乗り回してついにもの凄く面白いネタを見つけてきてくれた。それは、四種類の色をした車両がひとつの車庫に集まる場所が、東京にたったひとつだけあるという事実だった。素晴らしく生活感のある推理劇が生まれた。

第五六二話「ブルース刑事登場！」

◎脚本／小川英、古内一成　監督／山本迪夫

ブルース刑事の誕生。彼は、警察学校の教官に転職した長さんの教え子として登場。ブルースに扮した又野誠治が、オーディションの時に奥さんがいると自慢げに話していたので、ブルースにも奥さんを設定した。この奥さんに扮した渡瀬ゆきとの若い夫婦像は岩城家とともになかなか面白かった。

第五七一話「誘拐」

◎脚本／小川英、古内一成　監督／山本迪夫

このころ、期首に放送時間を延長したスペシャル番組を組むことが流行っていた。『太陽にほえろ！』でも毎シーズン特番を組んでいた。しかし、二時間の長時間をも

たせることが出来る企画はそう何本もない。苦しまぎれにひねりだした案が、有名な原作を持ちだすことであった。幸い、『太陽にほえろ！』とよく似たシチュエーションを持つエド・マクベイン原作のテレビ放映権がとれたので、この作品を作った。レギュラー番組の途中で、一本だけ原作物を入れるなどという芸当はなかなか出来るものではないと思うが、脚本家の小川の好奇心の強さと、並み並みならぬ筆力のおかげでこんなことが出来たのだ。

第五九五話「マミー激走！」

◎脚本／大川俊道、小川英　監督／堀内泰治

長谷直美がA級ライセンスを持っていたので、彼女のカーアクションを見せるためにこの話を作った。実際、彼女の運転はかなり荒っぽく、スタッフの間でも評判だった。うまいことはうまかったが……。

第五九七話「戦士よさらば・ボギー最後の日」
◎脚本／小川英、尾西兼一　監督／澤田幸弘

新宿の花園神社の境内で、ボギーは胸のポケットに真っ赤な薔薇を刺して死んでいった。何回か行われた殉職劇の中でも、一際派手でカッコいい死に方だった。

第六一八話「コンピューター計画」
◎脚本／古内一成、小川英　監督／山本迪夫

マイコン刑事をレギュラーで登場させるために、予告編的意味あいをこめてこの話を作った。スポンサーが三菱電機だったこともあって、まだはしりの時代にコンピューターを劇中で使用した。その後、マイコンは六二三話で七曲署に新人刑事として転勤してくる。

第六三六話「ラガー倒れる」

◎脚本／大川俊道、小川英　監督／澤田幸弘

この話でラガーが骨肉腫になる。『太陽にほえろ！』はどうしてこう刑事を不幸にするのか。我ながら呆れてしまう。しかし、この精神が『太陽にほえろ！』のヒットを生んだのだとも思う。六五八話で哀しく死を迎える。

第六五六話「いじめ」

◎脚本／小川英、鬼塚幸一　監督／鈴木一平

当時から子供の「いじめ」は大変大きな問題として注目されていたので、『太陽にほえろ！』でもこの問題を考えてみることにした。六九三話でもこの問題を扱っている。未だに同じ問題が解決されずに残っていることは残念だ。「社会還元ドラマ」の流れの中の作品である。

第六六〇話「デューク刑事登場！」

◎脚本／長野洋　監督／木下亮

沖の演じるスコッチがいなくなった後釜として、金田賢一を入れた。このころになると残念ながら『太陽にほえろ！』の力もいささか衰えを見せ、彼を充分に売りだすことが出来なかったが、一年間、『太陽にほえろ！』のために活躍してくれた。

第六六五話「殉職刑事たちよ・やすらかに」

◎脚本／小川英、蔵元三四郎　監督／山本迪夫

殉職刑事達の遺族がどういう生活をしているか？　ちょっとこの点に興味を抱いたので、考えてみた。ボス以下、七曲署の面々が「殉職刑事達」のことをどう思っているか？　を答えもだしたつもりだ。二時間のスペシャルでこの作品を放送した。

第六九一話「さらば！山村刑事」

◎脚本／古内一成、小川英　監督／高瀬昌弘

山さんが殉職した。この撮影に立ち合っていて、「ああ、『太陽にほえろ！』もこれで終わるのかな……」という感慨にかられたことを覚えている。

第七〇六話「ボス！　任せてください」

◎脚本／小川英、尾西兼一　監督／鈴木一平

七〇〇話で、再び石原が倒れた。今回は長引きそうだということで、この回からボスの代理に渡哲也の出演をお願いした。石原の病のために何も言わずに代役を務めてくれた渡に心から感謝した。石原に尽くしていた渡には本当に頭が下がった。

また、この回から西山浩司も加わった。それまで新人刑事はみな、一八〇センチ以

上の長身だったのに彼の場合はひと際背が低かった。その代わり運動神経は抜群で、非常にキレのいい芝居で面白いキャラクターを作りあげてくれた。

第七一八話「そして又、ボスと共に」

◎脚本／峯尾基三　監督／鈴木一平

石原が再び出演してくれるということで、思い切ってこの話で『太陽にほえろ！』を終わることにした。十四年と七か月だ。石原と十五年は続けようと約束していただけに、彼もさぞ残念だったことと思う。ただ、石原はこの作品の中で素晴らしい言葉を我々に遺してくれた。「今まで多くの部下を死なせてしまった。そして、また一つの命が消えようとしている。部下の命は私の命だ！」と……。この言葉を、石原が我々に残してくれた遺言として、いつまでも心に刻んでおこうと思う。

PART2

そして、十二回だけ新シリーズを作った。石原の一番尊敬している俳優として、奈良岡朋子に係長役をお願いすることにした。お家の一大事ということで下川辰平にも復帰してもらい、寺尾聡を加えて、強力メンバーで闘った。このシリーズも「女性の管理職」というアイディアで面白く構成されていたと自負する。

単行本のあとがき

早いもので、『太陽にほえろ！』の放送が終了して十年が経ってしまった。

今まで、過去のことを振り向くのがあまり好きではなかった私も、十年を機に、なにかを残しておきたいという気になった。自分でもどうしてそんな気になったのかわからないが、多分、年のせいだろう。

幸い、そんな心境になった時に、日本テレビの堀越君が、「それなら単行本にしましょう」と快く引き受けてくれた。

堀越君とは、彼が日本テレビに入社して以来、ずいぶんと一緒に仕事をした仲だった。そんな堀越君の適切な助言を受けながら、この本は出来上がった。

作業の過程で堀越君と打ち合わせをしていると、なんだか昔に帰ったようで、とても楽しかった。また、この本には、『太陽にほえろ！』の熱烈なファンである岩佐君にも大変世話になった。

同じく『太陽にほえろ！』の熱狂的なファンで、私よりも『太陽にほえろ！』に詳しいバップの高島君、『太陽にほえろ！』のカメラを担当していてくれた水谷君、この本の編集を担当してくれた太田君にも面倒をかけた。

このように『太陽にほえろ！』を心から愛してくれている昔の仲間達と一緒に仕事が出来たこの一年は、素晴らしく楽しい一年だった。放送が終了して十年も経つのに、いまだにこのように『太陽にほえろ！』のために結集してくれる人達がいることに感謝の念でいっぱいだ。

本が出来上がってみると、また違う感慨が浮かんできた。『太陽にほえろ！』を制作していたあの十五年間、苦しかったけれども楽しかった日々が思いだされる。人間の一生には、色々な出来事があると思うが、この番組のお陰で、私の人生もひどく輝かしいものにさせてもらった。この十五年間が私の「第二の青春」だった。こんな思いをさせてもらった『太陽にほえろ！』の大勢の関係者の方々に心からお礼を言いたい。

残念ながら、石原さんをはじめ何人かの仲間はこの世を去ってしまった。しかし、まだがんばっている仲間も、もちろん大勢いる。その人達には、もっともっとがんばってほしいし、またいつの日かもう一度、一緒に仕事をしたいと思う。

そのためにも、私も老けこむことなく、再び『太陽にほえろ！』のように十年も二十年も人々に愛されるような番組を作ってみたいと思う。

最後にもう一度、この本を完成させるために御協力頂いた全ての方に、心からの感謝を捧げたいと思う。本当にありがとうございました。

平成八年　六月一日

岡田　晋吉

『太陽にほえろ！』全作品リスト

話数	年	月日	サブタイトル	☛監督	✍脚本	☆メインキャラクター
1	1972	7/21	マカロニ刑事登場！	☛竹林進	✍小川英、長野洋	☆ボス　マカロニ
2	1972	7/28	時限爆弾　街に消える	☛竹林進	✍小川英、武末勝	☆山さん　マカロニ
3	1972	8/4	あの命を守れ！	☛澤田幸弘	✍永原秀一	☆ゴリ　マカロニ
4	1972	8/11	プールサイドに黒いバラ	☛澤田幸弘	✍田波靖男	☆ゴリ　マカロニ
5	1972	8/18	48時間の青春	☛小澤啓一	✍永原秀一	☆シンコ
6	1972	8/25	手錠と味噌汁	☛小澤啓一	✍桜井康裕	☆マカロニ
7	1972	9/1	きたない奴	☛竹林進	✍小川英、鴨井達比古	☆ボス　マカロニ
8	1972	9/8	真夜中の刑事たち	☛竹林進	✍小川英、田波靖男	☆ゴリ　殿下
9	1972	9/15	鬼刑事の子守歌	☛手銭弘喜	✍小川英、鴨井達比古	☆ボス
10	1972	9/22	ハマッ子刑事の心意気	☛手銭弘喜	✍小川英、鴨井達比古	☆山さん　ゴリ
11	1972	9/29	愛すればこそ	☛金谷稔	✍永原秀一	☆山さん
12	1972	10/6	彼は立派な刑事だった	☛金谷稔	✍小川英、長野洋	☆ボス
13	1972	10/13	殺したいあいつ	☛手銭弘喜	✍小川英、武末勝	☆マカロニ
14	1972	10/20	そして拳銃に弾をこめた	☛手銭弘喜	✍長野洋、小川英	☆ゴリ　マカロニ
15	1972	10/27	拳銃とトランペット	☛金谷稔	✍小川英、中野顕彰	☆ボス　マカロニ
16	1972	11/3	15年目の疑惑	☛金谷稔	✍鴨井達比古、小川英	☆シンコ　マカロニ
17	1972	11/10	俺たちはプロだ	☛竹林進	✍長野洋、小川英	☆ボス
18	1972	11/17	つかみそこねた夢	☛竹林進	✍永原秀一	☆ゴリ　マカロニ
19	1972	11/24	ライフルが叫ぶとき	☛金谷稔	✍石森史郎	☆ゴリ
20	1972	12/1	そして愛は終った	☛金谷稔	✍市川森一	☆マカロニ
21	1972	12/8	バスに乗ってたグーなひと	☛山本迪夫	✍鴨井達比古、小川英	☆マカロニ
22	1972	12/15	刑事の娘	☛山本迪夫	✍長野洋、小川英	☆長さん
23	1972	12/22	愛あるかぎり	☛金谷稔	✍永原秀一	☆山さん
24	1972	12/29	ジュンのお手柄	☛金谷稔	✍田波靖男	☆ゴリ
25	1973	1/5	手錠が朝日に光った	☛金谷稔	✍鴨井達比古、小川英	☆マカロニ
26	1973	1/12	みんな死んでしまった	☛金谷稔	✍小川英、長野洋	☆ゴリ
27	1973	1/19	殺し屋の詩	☛竹林進	✍小川英、✍鴨井達比古	☆マカロニ
28	1973	1/26	目には目を	☛竹林進	✍永原秀一	☆ボス
29	1973	2/2	奪われたマイホーム	☛山本迪夫	✍石松愛弘	☆山さん
30	1973	2/9	また若者が死んだ	☛山本迪夫	✍長野洋、永岡忍	☆シンコ　マカロニ
31	1973	2/16	お母さんと呼んで	☛澤田幸弘	✍田波靖男	☆マカロニ
32	1973	2/23	ボスを殺しに来た女	☛澤田幸弘	✍鎌田敏夫	☆ボス　マカロニ
33	1973	3/2	刑事の指に小鳥が…	☛金谷稔	✍市川森一	☆殿下
34	1973	3/9	想い出だけが残った	☛金谷稔	✍鴨井達比古	☆ボス
35	1973	3/16	愛するものの叫び	☛土屋統吾郎	✍鎌田敏夫	☆マカロニ
36	1973	3/23	危険な約束	☛山本迪夫	✍市川森一、山田正弘	☆マカロニ
37	1973	3/30	男のつぐない	☛土屋統吾郎	✍永原秀一	☆ゴリ
38	1973	4/6	おしんこ刑事登場	☛山本迪夫	✍長野洋、小川英	☆山さん　シンコ
39	1973	4/13	帰って来た裏切者	☛竹林進	✍石松愛弘	☆ボス
40	1973	4/20	淋しがり屋の子猫ちゃん	☛竹林進	✍小川英、長野洋	☆長さん
41	1973	4/27	ある日女が燃えた	☛土屋統吾郎	✍鎌田敏夫	☆山さん
42	1973	5/4	知らない街で…	☛土屋統吾郎	✍小川英、中野顕彰	☆ゴリ
43	1973	5/11	きれいな花にはトゲがある	☛斎藤光正	✍小川英、鴨井達比古	☆ボス　ゴリ

44	1973	5/18	闇に向って撃て！ ☛斎藤光正 ✍市川森一 ☆ボス 殿下
45	1973	5/25	怒れ！マカロニ ☛山本迪夫 ✍永原秀一、峯尾基三 ☆マカロニ
46	1973	6/1	黒幕は誰だ ☛山本迪夫 ✍鎌田敏夫 ☆ボス
47	1973	6/8	俺の拳銃を返せ！ ☛土屋統吾郎 ✍小川英、武末勝 ☆マカロニ
48	1973	6/15	影への挑戦 ☛土屋統吾郎 ✍小川英、鴨井達比古 ☆ボス シンコ
49	1973	6/22	そのとき時計は止まった ☛山本迪夫 ✍小川英、長野洋 ☆山さん
50	1973	6/29	俺の故郷は東京だ！ ☛山本迪夫 ✍小川英、中野顕彰 ☆マカロニ
51	1973	7/6	危険を盗んだ女 ☛竹林進 ✍田波靖男 ☆殿下
52	1973	7/13	13日金曜日マカロニ死す ☛竹林進 ✍小川英 ☆山さん ゴリ マカロニ
53	1973	7/20	ジーパン刑事登場！ ☛高瀬昌弘 ✍鎌田敏夫 ☆ジーパン
54	1973	7/27	汚れなき刑事魂 ☛高瀬昌弘 ✍長野洋、小川英 ☆山さん ジーパン
55	1973	8/3	どぶねずみ ☛山本迪夫 ✍鎌田敏夫 ☆ジーパン
56	1973	8/10	その灯を消すな ☛山本迪夫 ✍小川英、中野顕彰 ☆ゴリ ジーパン
57	1973	8/17	蒸発 ☛斎藤光正 ✍鴨井達比古 ☆ジーパン
58	1973	8/24	夜明けの青春 ☛竹林進 ✍小川英、武田宏一 ☆山さん
59	1973	8/31	生命の代償 ☛斎藤光正 ✍石松愛弘 長さん ☆ジーパン
60	1973	9/7	新宿に朝は来るけれど ☛竹林進 ✍鴨井達比古、小川英 ☆ジーパン
61	1973	9/14	別れは白いハンカチで ☛山本迪夫 ✍田波靖男、小川英 ☆ボス ジーパン
62	1973	9/21	プロフェッショナル ☛山本迪夫 ✍小川英、長野洋 ☆ボス 殿下
63	1973	9/28	大都会の追跡 ☛竹林進 ✍鎌田敏夫 ☆ボス
64	1973	10/5	子供の宝・大人の夢 ☛竹林進 ✍小川英 ☆ボス
65	1973	10/12	マカロニを殺したやつ ☛山本迪夫 ✍長野洋、小川英 ☆ボス 山さん ジーパン
66	1973	10/19	生きかえった白骨美人 ☛山本迪夫 ✍田波靖男、小川英 ☆チーム
67	1973	10/26	オリの中の刑事 ☛竹林進 ✍市川森一 ☆ボス 殿下
68	1973	11/2	１万人の容疑者 ☛竹林進 ✍小川英、長野洋 ☆ボス
69	1973	11/9	初恋への殺意 ☛児玉進 ✍鎌田敏夫 ☆山さん
70	1973	11/16	さよならはいわないで ☛児玉進 ✍柏倉敏之 ☆ボス 殿下
71	1973	11/23	眠りの中の殺意 ☛石田勝心 ✍永原秀一 ☆山さん
72	1973	11/30	海を撃て!!ジーパン ☛竹林進 ✍鎌田敏夫 ☆ボス ジーパン
73	1973	12/7	真夜中に愛の歌を ☛竹林進 ✍小川英、中野顕彰 ☆ゴリ
74	1973	12/14	ひとりぼっちの演奏会 ☛石田勝心 ✍長野洋 ☆シンコ ジーパン
75	1973	12/21	仕掛けられた銃声 ☛石田勝心 ✍永原秀一 ☆ゴリ
76	1973	12/28	おふくろ ☛児玉進 ✍鎌田敏夫 ☆ジーパン
77	1974	1/4	50億円のゲーム ☛児玉進 ✍小川英、武末勝 ☆ボス
78	1974	1/11	恐怖の瞬間 ☛竹林進 ✍鎌田敏夫 山さん ☆ジーパン
79	1974	1/18	鶴が飛んだ日 ☛竹林進 ✍長野洋 山さん ☆殿下
80	1974	1/25	女として刑事として ☛澤田幸弘 ✍柏倉敏之 ☆シンコ ジーパン
81	1974	2/1	おやじバンザイ ☛澤田幸弘 ✍小川英、今村昭男 ☆長さん
82	1974	2/8	最後の標的 ☛高瀬昌弘 ✍長野洋 ☆ジーパン
83	1974	2/15	午前10時爆破予定 ☛高瀬昌弘 ✍柏倉敏之、小川英 ☆ゴリ
84	1974	2/22	人質 ☛竹林進 ✍永原秀一 ☆ゴリ
85	1974	3/1	おやじに負けるな ☛竹林進 ✍田波靖男 ☆ジーパン
86	1974	3/8	勇気ある賭け ☛山本迪夫 ✍長野洋 ☆ボス
87	1974	3/15	島刑事その恋人の死 ☛山本迪夫 ✍柏倉敏之 ☆殿下
88	1974	3/22	息子よお前は… ☛竹林進 ✍田波靖男 ☆ボス

89	1974	3/29	地獄の再会	☛竹林進	✍市川森一	☆殿下
90	1974	4/5	非情の１発	☛児玉進	✍長野洋	☆山さん
91	1974	4/12	おれは刑事だ	☛児玉進	✍小川英、中野顕彰	☆ゴリ
92	1974	4/19	シンデレラ刑事	☛竹林進	✍田波靖男、四十物光男	☆長さん
93	1974	4/26	真実の詩	☛竹林進	✍柏倉敏之	☆山さん
94	1974	5/3	裏切り	☛木下亮	✍鎌田敏夫	☆ゴリ
95	1974	5/10	愛のシンドローム	☛木下亮	✍長野洋	☆シンコ　ジーパン
96	1974	5/17	ボスひとり行く	☛斎藤光正	✍長野洋	☆ボス
97	1974	5/24	その子に罪はない	☛斎藤光正	✍播磨幸治	☆山さん
98	1974	5/31	手錠	☛野村孝	✍柏倉敏之	☆ゴリ
99	1974	6/7	金で買えないものがある	☛野村孝	✍田波靖男	☆ジーパン
100	1974	6/14	燃える男たち	☛竹林進	✍小川英	☆ボス　チーム
101	1974	6/21	愛の殺意	☛竹林進	✍鎌田敏夫	☆殿下
102	1974	6/28	愛が終った朝	☛木下亮	✍市川森一	☆シンコ　ジーパン
103	1974	7/5	狼を見た少年	☛木下亮	✍柏倉敏之	☆ゴリ
104	1974	7/12	葬送曲	☛竹林進	✍播磨幸治	☆シンコ　ジーパン
105	1974	7/19	この仕事が好きだから	☛竹林進	✍長野洋	☆殿下
106	1974	7/26	着陸地点なし！	☛山本迪夫	✍長野洋	☆山さん
107	1974	8/2	光の中をあゆめ	☛木下亮	✍柏倉敏之	☆殿下
108	1974	8/9	地獄の中の愛	☛木下亮	✍播磨幸治	☆ボス
109	1974	8/16	俺の血をとれ！	☛山本迪夫	✍小川英、朝倉千筆	☆山さん
110	1974	8/23	走れ！猟犬	☛山本迪夫	✍長野洋	☆シンコ　ジーパン
111	1974	8/30	ジーパン・シンコその愛と死	☛山本迪夫	✍小川英	☆シンコ　ジーパン
112	1974	9/6	テキサス刑事登場	☛竹林進	✍小川英	☆ゴリ　テキサス
113	1974	9/13	虫けら	☛竹林進	✍鎌田敏夫	山さん　☆テキサス
114	1974	9/20	男の斗い	☛斎藤光正	✍柏倉敏之	☆山さん
115	1974	9/27	一枚の名刺	☛竹林進	✍小川英、大川タケシ	☆殿下
116	1974	10/4	マカロニ・ジーパンそしてテキサス	☛竹林進	✍長野洋	☆ボス　テキサス
117	1974	10/11	父と子の再会	☛山本迪夫	✍小川英、六鹿英雄	☆ボス
118	1974	10/18	信じあう仲間	☛山本迪夫	✍長野洋	☆ゴリ
119	1974	10/25	厳しさの蔭に	☛竹林進	✍長野洋	☆山さん
120	1974	11/1	拳銃の条件	☛竹林進	✍小川英	☆殿下
121	1974	11/8	審判なき罪	☛山本迪夫	✍小川英、杉村のぼる	☆山さん
122	1974	11/15	信念に賭けろ！	☛竹林進	✍長野洋	☆ゴリ
123	1974	11/22	孤独のゲーム	☛竹林進	✍鎌田敏夫	☆ボス
124	1974	11/29	仰げば尊し	☛小澤啓一	✍小川英、田波靖男	☆長さん
125	1974	12/6	友達	☛山本迪夫	✍鎌田敏夫	☆テキサス
126	1974	12/13	跳弾	☛小澤啓一	✍金子成人	☆テキサス
127	1974	12/20	非情な斗い	☛山本迪夫	✍柏倉敏之	☆山さん
128	1974	12/27	夢見る人形たち	☛山本迪夫	✍小川英、杉村のぼる	☆殿下
129	1975	1/3	今日も街に陽が昇る	☛澤田幸弘	✍小川英、大山のぶ代	☆ボス　ゴリ
130	1975	1/10	鳩が呼んでいる	☛澤田幸弘	✍柏倉敏之	☆テキサス
131	1975	1/17	刑事の胸の底には	☛斎藤光正	✍小川英、杉本？？	☆殿下
132	1975	1/24	走れ！ナポレオン	☛斎藤光正	✍田波靖男、小川英	☆テキサス
133	1975	1/31	沈黙	☛竹林進	✍長野洋	☆山さん

134	1975	2/7	正義　☛竹林進　✍鎌田敏夫　☆ゴリ
135	1975	2/14	ある敗北　☛山本迪夫　✍小川英、浅井達也　☆ボス
136	1975	2/21	生命を燃やす時　☛山本迪夫　✍長野洋　☆長さん
137	1975	2/28	ありがとうテキサス坊や　☛竹林進　✍田波靖男、四十物光男　☆テキサス
138	1975	3/7	愛こそすべて　☛竹林進　✍長野洋　☆ゴリ
139	1975	3/14	墓穴を掘る　☛山本迪夫　✍播磨幸治　山さん　☆長さん
140	1975	3/21	故郷の父　☛山本迪夫　✍桃井章　☆ゴリ
141	1975	3/28	無実の叫び　☛竹林進　✍小川英、四十物光男　☆テキサス　チーム
142	1975	4/4	真実はどこに　☛竹林進　✍小川英、四十物光男　☆テキサス　チーム
143	1975	4/11	霧の旅　☛児玉進　✍柏倉敏之、小川英　☆殿下
144	1975	4/18	タレ込み屋　☛児玉進　✍長野洋　☆山さん
145	1975	4/25	決定的瞬間　☛竹林進　✍小川英、杉村のぼる　☆テキサス
146	1975	5/2	親と子のきずな　☛竹林進　✍柏倉敏之　☆ゴリ
147	1975	5/9	追跡！拳銃市場　☛児玉進　✍田波靖男、小川英　☆山さん
148	1975	5/16	友情　☛竹林進　✍長野洋　☆ゴリ
149	1975	5/23	七曲藤堂一家　☛児玉進　✍鎌田敏夫　ボス　☆チーム
150	1975	5/30	わかれ　☛竹林進　✍小川英、四十物光男　☆殿下
151	1975	6/6	刑事の妻　☛小澤啓一　✍小川英、加賀美しげ子　☆ゴリ
152	1975	6/13	勇気　☛小澤啓一　✍長野洋　☆山さん
153	1975	6/20	モナリザの想い出　☛児玉進　✍小川英、田波靖男　☆テキサス
154	1975	6/27	自首　☛児玉進　✍大山のぶ代、小川英　☆殿下
155	1975	7/4	家族　☛竹林進　✍田波靖男、小川英　☆長さん
156	1975	7/11	刑事狂乱　☛竹林進　✍市川森一　☆テキサス
157	1975	7/18	対決！六対六　☛山本迪夫　✍杉村のぼる、小川英　☆テキサス
158	1975	7/25	顔　☛山本迪夫　小川英、✍杉村のぼる　☆ゴリ　テキサス
159	1975	8/1	海のテキサス　☛小澤啓一　✍柏倉敏之、小川英　☆テキサス
160	1975	8/8	証言　☛児玉進　✍長野洋　☆ボス
161	1975	8/15	話したい　☛児玉進　✍桃井章、小川英　☆ゴリ
162	1975	8/22	したたかな目撃者　☛小澤啓一　✍田波靖男、四十物光男、小川英　☆テキサス
163	1975	8/29	逆転　☛竹林進　✍小川英、杉村のぼる　☆山さん
164	1975	9/5	バラの好きな君へ　☛竹林進　✍鴨井達比古、小川英　☆テキサス
165	1975	9/12	回転木馬の女　☛児玉進　✍畑嶺明、小川英　☆殿下
166	1975	9/19	噂　☛児玉進　土門鉄郎、✍小川英　☆山さん
167	1975	9/26	死ぬな！テキサス　☛竹林進　✍長野洋　☆テキサス
168	1975	10/3	ぼんぼん刑事登場　☛竹林進　✍小川英、杉村のぼる　☆ぼん　テキサス
169	1975	10/10	グローブをはめろ！　☛児玉進　✍長野洋　☆ぼん
170	1975	10/17	再出発　☛児玉進　✍桃井章　☆殿下
171	1975	10/24	暴走　☛澤田幸弘　✍小川英、杉村のぼる　☆山さん
172	1975	10/31	俺たちの仲間　☛澤田幸弘　✍鴨井達比古、小川英　☆ぼん
173	1975	11/7	１発で射殺せよ！　☛竹林進　✍長野洋　☆ゴリ
174	1975	11/14	星の神話　☛竹林進　✍柏倉敏之、小川英　☆テキサス
175	1975	11/21	偶像　☛山本迪夫　✍杉村のぼる、小川英　☆ぼん
176	1975	11/28	狼の街　☛山本迪夫　✍小川英、田波靖男、四十物光男　☆ゴリ
177	1975	12/5	海に消えたか３億円　☛児玉進　✍畑嶺明、小川英　☆テキサス
178	1975	12/12	リスと刑事　☛竹林進　✍小川英、四十物光男、田波靖男　☆殿下

179	1975	12/19	親と子の条件 ☛竹林進 ✍鴨井達比古、小川英 ☆山さん
180	1975	12/26	訣別 ☛高瀬昌弘 ✍小川英、杉村のぼる ☆テキサス
181	1976	1/2	壁 ☛高瀬昌弘 ✍杉村のぼる、小川英 ☆ゴリ
182	1976	1/9	ボディガード ☛山本迪夫 ✍鎌田敏夫 ☆ボス
183	1976	1/16	金庫破り ☛山本迪夫 ✍長野洋 ☆山さん
184	1976	1/23	アリバイ ☛児玉進 ✍深見泰、小川英 ☆長さん
185	1976	1/30	虹 ☛竹林進 ✍小川英、加賀美しげ子 ☆殿下
186	1976	2/6	復讐 ☛竹林進 ✍鴨井達比古 ☆チーム
187	1976	2/13	愛 ☛児玉進 ✍杉村のぼる、小川英 ☆テキサス
188	1976	2/20	切札 ☛児玉進 ✍長野洋、小川英 ☆山さん
189	1976	2/27	人形の部屋 ☛児玉進 ✍小川英、大山のぶ代、四十物光男 ☆長さん
190	1976	3/5	パズル ☛竹林進 ✍長野洋、小川英 ☆ゴリ
191	1976	3/12	冬の女 ☛竹林進 ✍畑嶺明、小川英 ☆ぼん
192	1976	3/19	２・８・５・６・３ ☛児玉進 ✍中村勝行、小川英 ☆ボス
193	1976	3/26	２人の刑事 ☛児玉進 ✍小川英、田波靖男、安斉あゆ子 ☆長さん
194	1976	4/2	兄妹 ☛竹林進 ✍小川英、四十物光男 ☆殿下
195	1976	4/9	ある殺人 ☛竹林進 ✍小川英、杉村のぼる ☆山さん
196	1976	4/16	言葉の波紋 ☛山本迪夫 ✍桃井章 ☆テキサス
197	1976	4/23	ペスト ☛山本迪夫 ✍永原秀一、峯尾基三 ☆ゴリ
198	1976	4/30	死ぬなジュン！ ☛竹林進 ✍四十物光男、田波靖男、小川英 ☆テキサス
199	1976	5/7	女相続人 ☛澤田幸弘 ✍小川英、中村勝行 ☆ぼん
200	1976	5/14	すべてを賭けて ☛竹林進 ✍長野洋、小川英 ☆ゴリ チーム
201	1976	5/21	にわか雨 ☛澤田幸弘 ✍田波靖男、小川英、柏倉敏之 ☆長さん
202	1976	5/28	手紙 ☛木下亮 ✍杉村のぼる、小川英 ☆殿下
203	1976	6/4	鳩時計 ☛児玉進 ✍小川英、四十物光男 ☆テキサス
204	1976	6/11	厭な奴 ☛木下亮 ✍播磨幸治 ☆ゴリ
205	1976	6/18	ジョーズ探偵の悲しい事件簿 ☛児玉進 ✍市川森一 ☆ぼん
206	1976	6/25	刑事の妻が死んだ日 ☛竹林進 ✍鴨井達比古 ☆山さん
207	1976	7/2	絶叫 ☛竹林進 ✍畑嶺明、小川英 ☆長さん
208	1976	7/9	ひとり立ち ☛山本迪夫 ✍小川英、杉村のぼる ☆テキサス
209	1976	7/16	働くものの顔 ☛山本迪夫 ✍小川英、四十物光男 ☆ゴリ
210	1976	7/23	栄光 ☛竹林進 ✍小川英、桃井章 ☆ボス
211	1976	7/30	待伏せ捜査 ☛竹林進 ✍田波靖男、小川英 ☆殿下
212	1976	8/6	情報 ☛小澤啓一 ✍杉村のぼる、小川英 ☆山さん ぼん
213	1976	8/13	正当防衛 ☛小澤啓一 ✍小川英、柏原寛司 ☆ゴリ
214	1976	8/20	奇妙な友達 ☛山本迪夫 ✍播磨幸治 ☆殿下
215	1976	8/27	七曲署一係・その一日 ☛山本迪夫 ✍小川英、井筒弥生 ☆チーム
216	1976	9/3	テキサスは死なず ☛竹林進 ✍小川英、中村勝行 ☆テキサス
217	1976	9/10	スコッチ刑事登場！ ☛竹林進 ✍小川英、四十物光男 ☆スコッチ
218	1976	9/17	殿下とスコッチ ☛小澤啓一 ✍長野洋 ☆殿下 スコッチ
219	1976	9/24	誘拐 ☛児玉進 ✍小川英、鴨井達比古 ☆山さん
220	1976	10/1	ジュンの復讐 ☛竹林進 ✍田波靖男、四十物光男、小川英 ☆チーム
221	1976	10/8	刑事失格!? ☛小澤啓一 ✍小川英、杉村のぼる ☆スコッチ
222	1976	10/15	蝶 ☛児玉進 ✍小川英、柏倉敏之 ☆長さん
223	1976	10/22	あせり ☛竹林進 ✍杉村のぼる、小川英 ☆ぼん

224	1976	10/29	保証人　☛斎藤光正　✍長野洋、小川英　☆ボス
225	1976	11/5	疑惑　☛斎藤光正　✍小川英、四十物光男　☆スコッチ
226	1976	11/12	天国からの手紙　☛竹林進　✍高階秋成、小川英　☆長さん
227	1976	11/19	CQ・CQ・非常通信！　☛竹林進　✍小川英、四十物光男　☆殿下
228	1976	11/26	目撃者　☛澤田幸弘　✍小川英、中村勝行　☆ゴリ
229	1976	12/3	結婚　☛澤田幸弘　✍小川英、野瀬州　☆ぼん
230	1976	12/10	ピアノソナタ　☛竹林進　✍桃井章　☆殿下
231	1976	12/17	孤独　☛竹林進　✍峯尾基三　☆ゴリ　チーム
232	1976	12/24	新しき友　☛澤田幸弘　✍桃井章　☆ぼん
233	1977	1/7	狙撃　☛澤田幸弘　✍鴨井達比古、小川英　☆チーム
234	1977	1/14	おさな子　☛児玉進　✍小川英、高階秋成　☆山さん
235	1977	1/21	刑事の娘が嫁ぐとき　☛児玉進　✍田波靖男、四十物光男、小川英　☆長さん
236	1977	1/28	砂の城　☛竹林進　✍柏倉敏之、小川英　☆スコッチ
237	1977	2/4	あやまち　☛竹林進　✍長野洋　☆ボス
238	1977	2/11	東京上空17時30分　☛櫻井一孝　✍櫻井一孝、小川英　☆ゴリ
239	1977	2/18	挑発　☛児玉進　✍杉村のぼる、小川英　☆殿下
240	1977	2/25	木枯しの中で　☛児玉進　✍桃井章　☆長さん
241	1977	3/4	脅迫　☛竹林進　✍小川英、杉村のぼる　☆山さん
242	1977	3/11	すれ違った女　☛竹林進　✍小川英、高階秋成、鴨井達比古　☆スコッチ
243	1977	3/18	その血を返せ　☛小澤啓一　✍柏倉敏之、小川英　☆ボス　チーム
244	1977	3/25	さらばスコッチ！　☛小澤啓一　✍桃井章　☆スコッチ
245	1977	4/1	刑事犬対ギャング犬　☛竹林進　✍田波靖男、四十物光男、小川英　☆ぼん
246	1977	4/8	赤ちゃん　☛竹林進　✍小川英、四十物光男、丸田勉　☆ボス　ぼん
247	1977	4/15	家出　☛斎藤光正　✍小川英、杉村のぼる　☆殿下
248	1977	4/22	ウェディング・ドレス　☛斎藤光正　✍小川英、四十物光男　☆長さん
249	1977	4/29	嘘　☛竹林進　✍小川英、四十物光男　☆ゴリ
250	1977	5/6	民芸店の女　☛竹林進　✍小川英、柏倉敏之　☆山さん
251	1977	5/13	辞表　☛吉高勝之　✍小川英、杉村のぼる　☆ぼん
252	1977	5/20	鮫島結婚相談所　☛澤田幸弘　✍長野洋　☆チーム
253	1977	5/27	生きがい　☛澤田幸弘　✍小川英、高階秋成　☆ゴリ
254	1977	6/3	子連れブルース　☛木下亮　✍播磨幸治　☆山さん
255	1977	6/10	本日多忙　☛木下亮　✍杉村のぼる、小川英　☆チーム
256	1977	6/17	ロッキー刑事登場！　☛竹林進　✍小川英、四十物光男　☆ゴリ　ロッキー
257	1977	6/24	山男　☛竹林進　✍小川英、長野洋　☆山さん　ロッキー
258	1977	7/1	愛の追憶　☛斎藤光正　✍桃井章　☆山さん
259	1977	7/8	怪物　☛斎藤光正　✍小川英、四十物光男、胡桃哲　☆ゴリ
260	1977	7/15	宝くじ　☛吉高勝之　✍小川英、杉村のぼる　☆ぼん　ロッキー
261	1977	7/22	偽証　☛吉高勝之　✍小川英、鴨井達比古　☆ロッキー
262	1977	7/29	誇り高き刑事　☛竹林進　✍小川英、うどふみこ　☆長さん
263	1977	8/5	罠　☛竹林進　✍小川英、柏倉敏之　☆山さん
264	1977	8/12	撃てなかった拳銃　☛木下亮　✍四十物光男、小川英　☆殿下
265	1977	8/19	ゴリ、爆走！　☛木下亮　✍播磨幸治　☆ゴリ
266	1977	8/26	逃亡者　☛竹林進　✍小川英、山崎巌　☆チーム
267	1977	9/9	追跡者　☛竹林進　✍長野洋、小川英　☆チーム
268	1977	9/16	偶然　☛小澤啓一　✍中村勝行　☆山さん

269	1977	9/23	みつばちの家 ☛小澤啓一 ✍小川英、柏倉敏之 ☆ゴリ
270	1977	9/30	殿下とライオン ☛小澤啓一 ✍小川英、高階秋成 ☆殿下
271	1977	10/7	警察犬ブラック ☛櫻井一孝 ✍四十物光男、小川英 ☆ぼん
272	1977	10/14	秘密 ☛櫻井一孝 ✍杉村のぼる。小川英 ☆ロッキー
273	1977	10/21	逆恨み ☛竹林進 ✍長野洋、小川英 ☆ボス
274	1977	10/28	帰ってきたスコッチ刑事 ☛竹林進 ✍杉村のぼる、小川英 ☆スコッチ ロッキー
275	1977	11/4	迷路 ☛木下亮 ✍小川英、中村勝行 ☆ぼん ロッキー
276	1977	11/11	初恋 ☛木下亮 ✍播磨幸治 ☆殿下
277	1977	11/18	身代り ☛山本迪夫 ✍小川英、杉村のぼる ☆山さん
278	1977	11/25	刑事嫌い ☛山本迪夫 ✍小川英、四十物光男 ☆ゴリ ぼん
279	1977	12/2	愛と怒り ☛木下亮 ✍長野洋、小川英 ☆ぼん
280	1977	12/9	狼 ☛木下亮 ✍小川英、柏倉敏之 ☆ロッキー
281	1977	12/16	わかれ道 ☛小澤啓一 ✍田波靖男、安斉あゆ子、小川英 ☆長さん
282	1977	12/23	婚約指輪 ☛小澤啓一 ✍小川英、うどふみこ ☆殿下
283	1977	12/30	激突 ☛竹林進 ✍小川英、四十物光男 ☆ゴリ
284	1978	1/6	正月の家 ☛山本迪夫 ✍小川英、田波靖男、安斉あゆ子 ☆アッコ
285	1978	1/13	母の香り ☛山本迪夫 ✍桃井章 ☆ロッキー
286	1978	1/20	悪意 ☛竹林進 ✍小川英、杉村のぼる ぼん ☆ロッキー
287	1978	1/27	ある娘 ☛木下亮 ✍小川英、柏原寛司 ☆ボス
288	1978	2/3	射殺 ☛木下亮 ✍長野洋 ☆ゴリ
289	1978	2/10	殿下と少年 ☛櫻井一孝 ✍小川英、大山のぶ代 ☆殿下
290	1978	2/17	執念 ☛山本迪夫 ✍桃井章、小川英 ☆山さん
291	1978	2/24	トラック刑事 ☛櫻井一孝 ✍柏原寛司、小川英 ☆ロッキー
292	1978	3/3	一流大学 ☛竹林進 ✍小川英、田波靖男、安斉あゆ子 ☆長さん
293	1978	3/10	汚れなき殺人者 ☛竹林進 ✍中村勝行 ☆ボス
294	1978	3/17	逮捕 ☛山本迪夫 ✍小川英、杉村のぼる ☆ロッキー
295	1978	3/24	二つの顔の男 ☛木下亮 ✍塩田千種 ☆ぼん
296	1978	3/31	ミスプリント ☛木下亮 ✍中村勝行、小川英 ☆山さん
297	1978	4/7	ゴリ、爆走！ ☛山本迪夫 ✍小川英、柏原寛司 ☆ゴリ
298	1978	4/14	われら七曲署 ☛山本迪夫 ✍小川英、四十物光男 ☆ぼん ロッキー
299	1978	4/21	ある出逢い ☛竹林進 ✍畑嶺明、小川英 ☆殿下
300	1978	4/28	男たちの詩 ☛竹林進 ✍小川英、四十物光男 ☆スコッチ チーム
301	1978	5/5	銀河鉄道 ☛木下亮 ✍小川英、塩田千種 ☆山さん
302	1978	5/12	殺意の証明 ☛木下亮 ✍小川英、四十物光男 ☆ぼん
303	1978	5/19	お人好し ☛山本迪夫 ✍小川英、四十物光男 ☆ぼん
304	1978	5/26	バスジャックの日 ☛山本迪夫 ✍小川英、柏倉敏之 ☆ボス
305	1978	6/2	勲章 ☛竹林進 ✍小川英、高階秋成 ☆ゴリ
306	1978	6/9	ある決意 ☛竹林進 ✍畑嶺明 ☆殿下
307	1978	6/16	反転 ☛木下亮 ✍中村勝行、小川英 ☆ロッキー
308	1978	6/23	新しき家族 ☛木下亮 ✍杉村のぼる、小川英 ☆山さん
309	1978	6/30	危険な時期 ☛櫻井一孝 ✍小川英、柏原寛司 ☆ぼん
310	1978	7/7	再会 ☛櫻井一孝 ✍長野洋 ☆ゴリ
311	1978	7/14	ある運命 ☛竹林進 ✍畑嶺明、小川英 ☆殿下
312	1978	7/21	凶器 ☛竹林進 ✍長野洋 ☆ボス
313	1978	7/28	真夏の悪夢 ☛木下亮 ✍桃井章、小川英 ☆長さん

314	1978	8/4	拝啓ロッキー刑事様　☛木下亮　✍小川英、柏倉敏之　☆ロッキー
315	1978	8/11	ライバル　☛竹林進　✍中村勝行　☆ゴリ
316	1978	8/18	ある人生　☛竹林進　✍畑嶺明、小川英　☆殿下
317	1978	8/25	殺人者に時効はない　☛小澤啓一　✍小川英、杉村のぼる　☆山さん
318	1978	9/1	カレーライス　☛小澤啓一　✍小川英、四十物光男、櫻井一孝　☆ゴリ
319	1978	9/8	年上の女　☛木下亮　✍小川英、大山のぶ代　☆ぼん
320	1978	9/15	翔べないカナリア　☛木下亮　✍小川英、塩田千種　☆ロッキー
321	1978	9/22	朝顔　☛児玉進　✍長野洋　☆山さん
322	1978	9/29	誤射　☛児玉進　✍小川英、うどふみこ　☆長さん
323	1978	10/6	愛は何処へ　☛竹林進　✍小川英、四十物光男　☆ぼん　チーム
324	1978	10/13	愛よさらば　☛竹林進　✍小川英、四十物光男　☆ぼん　チーム
325	1978	10/20	波止場　☛木下亮　✍中村勝行、小川英　☆殿下
326	1978	10/27	捜査　☛木下亮　✍長野洋、小川英　☆長さん
327	1978	11/3	爆弾　☛櫻井一孝　✍畑嶺明　☆ゴリ
328	1978	11/10	待ち合わせ　☛櫻井一孝　✍塩田千種　☆ぼん
329	1978	11/17	タイムリミット　☛小澤啓一　✍長野洋　☆ボス
330	1978	11/24	天使の微笑み　☛小澤啓一　✍塩田千種、小川英　☆ロッキー
331	1978	12/1	新曲　☛木下亮　✍小川英、四十物光男　☆殿下
332	1978	12/8	冬の訪問者　☛木下亮　✍杉村のぼる、小川英　☆ゴリ
333	1978	12/15	刑事の約束　☛澤田幸弘　✍長野洋　☆山さん
334	1978	12/22	窓　☛澤田幸弘　✍桃井章　☆ゴリ
335	1978	12/29	ある結末　☛高瀬昌弘　✍畑嶺明、小川英　☆殿下
336	1979	1/5	ドジな二人　☛高瀬昌弘　✍田波靖男、安斉あゆ子、小川英　☆ぼん　ロッキー
337	1979	1/12	偽装　☛小澤啓一　✍中村勝行、小川英　☆長さん
338	1979	1/19	愛と殺人　☛小澤啓一　✍畑嶺明、小川英　☆ロッキー
339	1979	1/26	暴発　☛木下亮　✍柏原寛司　☆ぼん　ロッキー
340	1979	2/2	勝利者　☛木下亮　✍小川英、高橋紀子　☆長さん
341	1979	2/9	同期生　☛櫻井一孝　✍長野洋　☆ゴリ
342	1979	2/16	何故　☛櫻井一孝　✍小川英、四十物光男　☆殿下
343	1979	2/23	希望のサンバ　☛木下亮　✍小川英、尾西兼一　☆ぼん
344	1979	3/2	射程距離　☛木下亮　✍小川英、四十物光男　☆ロッキー
345	1979	3/9	告発　☛斎藤光正　✍長野洋、小川英　☆山さん　チーム
346	1979	3/16	華麗なる証人　☛斎藤光正　✍中村勝行、小川英　☆ゴリ
347	1979	3/23	謹慎処分　☛櫻井一孝　✍杉村のぼる、小川英　☆ぼん
348	1979	3/30	ジュンとキング　☛櫻井一孝　✍四十物光男、小川英　☆ぼん　ロッキー
349	1979	4/6	見知らぬ乗客　☛竹林進　✍中村勝行　☆山さん
350	1979	4/13	高校時代　☛竹林進　✍畑嶺明、皆川隆之、小川英　☆ゴリ
351	1979	4/20	密室殺人　☛高瀬昌弘　✍小川英、柏倉敏之　☆殿下
352	1979	4/27	ボン・絶体絶命　☛高瀬昌弘　✍畑嶺明　☆ぼん
353	1979	5/4	ラスト・チャンス　☛小澤啓一　✍小川英、渡辺由自　☆長さん
354	1979	5/11	交番爆破　☛小澤啓一　✍小川英、杉村のぼる　☆ロッキー
355	1979	5/18	ボス　☛竹林進　✍鎌田敏夫　☆ボス　チーム
356	1979	5/25	制服を狙え　☛竹林進　✍杉村のぼる、小川英、原隆仁　☆ぼん
357	1979	6/1	犯罪スケジュール　☛児玉進　✍中村勝行、小川英　☆殿下
358	1979	6/8	愛の暴走　☛児玉進　✍小川英、尾西兼一　☆ロッキー

359	1979	6/15	ジョギング・コース	☛竹林進	✍渡辺由自、小川英	☆ゴリ
360	1979	6/22	ボンは泣かない	☛竹林進	✍畑嶺明、小川英	☆ぼん
361	1979	6/29	殺人鬼	☛櫻井一孝	✍小川英、杉村のぼる	☆殿下
362	1979	7/6	デイト・ヨコハマ	☛櫻井一孝	柏✍原寛司、小川英	☆ロッキー
363	1979	7/13	13日金曜日・ボン最期の日	☛竹林進	✍長野洋	☆ぼん
364	1979	7/20	スニーカー刑事登場！	☛竹林進	✍小川英、四十物光男	☆スニーカー
365	1979	7/27	その一瞬…！	☛児玉進	✍中村勝行	☆ゴリ
366	1979	8/3	真夜中の殺意	☛児玉進	✍古内一成、小川英	☆ロッキー
367	1979	8/10	跳べ！スニーカー	☛櫻井一孝	✍小川英、尾西兼一	☆スニーカー
368	1979	8/17	事件の背景	☛櫻井一孝	✍小川英、柏倉敏之	☆長さん
369	1979	8/24	その一言	☛山本迪夫	✍長野洋	☆殿下　スニーカー
370	1979	8/31	恐怖の食卓	☛山本迪夫	✍畑嶺明、小川英	☆ロッキー
371	1979	9/7	愛するもののために	☛竹林進	✍小川英、尾西兼一	☆山さん
372	1979	9/14	最後の審判	☛竹林進	✍小川英、古内一成	☆チーム
373	1979	9/21	疑わしきは	☛櫻井一孝	✍中村勝行	☆スニーカー
374	1979	9/28	直感	☛櫻井一孝	✍畑嶺明、小川英	☆ゴリ
375	1979	10/5	護送	☛山本迪夫	✍長野洋	☆殿下
376	1979	10/12	右往左往	☛山本迪夫	✍小川英、四十物光男	☆スニーカー
377	1979	10/19	秋深く	☛櫻井一孝	✍小川英、渡辺由自	☆ロッキー
378	1979	10/26	やさしい棘	☛櫻井一孝	✍畑嶺明、小川英	☆スニーカー
379	1979	11/2	旅の夢	☛山本迪夫	✍中村勝行、小川英	☆殿下
380	1979	11/9	見込捜査	☛山本迪夫	✍小川英、尾西兼一	☆山さん
381	1979	11/16	ともしび	☛木下亮	✍尾西兼一、小川英	☆ゴリ
382	1979	11/23	甘ったれ	☛木下亮	✍長野洋	☆長さん
383	1979	11/30	兄貴	☛櫻井一孝	✍四十物光男、小川英	☆ロッキー
384	1979	12/7	命	☛櫻井一孝	✍小川英、古内一成	☆スニーカー
385	1979	12/14	死	☛児玉進	✍小川英、四十物光男	☆殿下
386	1979	12/21	信頼	☛児玉進	✍小川英、尾西兼一	☆ゴリ
387	1979	12/28	雨の中の女	☛竹林進	✍小川英、石川孝人	☆ロッキー
388	1980	1/4	ゴリラ	☛木下亮	✍長野洋	☆ゴリ
389	1980	1/11	心の重荷	☛竹林進	✍渡辺由自、小川英	☆スニーカー
390	1980	1/18	二十歳の殺人	☛児玉進	✍小川英、尾西兼一	☆殿下
391	1980	1/25	黄色いボタン	☛櫻井一孝	✍小川英、古内一成	☆ロッキー
392	1980	2/1	流れ者	☛櫻井一孝	✍柏原寛司、小川英	☆スニーカー
393	1980	2/8	密偵	☛竹林進	✍長野洋	☆山さん
394	1980	2/15	鮫やんの受験戦争	☛竹林進	✍畑嶺明、小川英	☆スニーカー
395	1980	2/22	爆破魔	☛山本迪夫	✍小川英、四十物光男	☆ゴリ
396	1980	2/29	記念樹	☛山本迪夫	✍塩田千種、小川英	☆スニーカー
397	1980	3/7	音の告発	☛木下亮	✍中村勝行、小川英	☆殿下
398	1980	3/14	名残り雪	☛木下亮	✍小川英、古内一成	☆スニーカー
399	1980	3/21	廃虚の決闘	☛竹林進	✍長野洋	☆スニーカー　チーム
400	1980	3/28	スコッチ・イン・沖縄	☛竹林進	✍長野洋	☆スニーカー　スコッチ　チーム
401	1980	4/4	紙飛行機	☛斎藤光正	✍小川英、四十物光男	☆スコッチ　スニーカー
402	1980	4/18	島刑事よ、安らかに	☛斎藤光正	✍小川英、古内一成	☆殿下
403	1980	4/25	罪と罰	☛櫻井一孝	✍小川英、尾西兼一	☆ボス

404	1980	5/2	鍵のかかった引出し ☛櫻井一孝 ✍小川英、畑嶺明 ☆スコッチ
405	1980	5/9	時効 ☛児玉進 ✍四十物光男、小川英 ☆山さん
406	1980	5/16	島刑事よ、さようなら ☛児玉進 ✍小川英、古内一成 ☆殿下
407	1980	5/23	都会の潮騒 ☛鈴木一平 ✍柏原寛司 ☆ロッキー
408	1980	5/30	スコッチ誘拐 ☛鈴木一平 ✍中村勝行 ☆スコッチ
409	1980	6/6	英雄 ☛竹林進 ✍長野洋、小川英 ☆ゴリ
410	1980	6/13	捜査だけが人生じゃない ☛竹林進 ✍小川英、尾西兼一 ☆スニーカー
411	1980	6/20	長さんが人を撃った ☛山本迪夫 ✍小川英、四十物光男 ☆長さん
412	1980	6/27	似顔絵 ☛山本迪夫 ✍小川英、古内一成 ☆スコッチ
413	1980	7/4	エーデルワイス ☛竹林進 ✍小川英、四十物光男
414	1980	7/11	島刑事よ、永遠に ☛竹林進 ✍畑嶺明、小川英 ☆殿下
415	1980	7/18	ドクター刑事登場 ☛澤田幸弘 ✍長野洋 ☆ドック
416	1980	7/25	ゴリさんが殺人犯？ ☛澤田幸弘 ✍小川英、尾西兼一 ☆ゴリ
417	1980	8/1	ボスの誕生日 ☛山本迪夫 ✍小川英、尾西兼一、小木曽豊一 ☆ボス ナーコ チーム
418	1980	8/8	ルポライター ☛山本迪夫 ✍小川英、古内一成、渡辺由自 ☆スコッチ
419	1980	8/15	禁じられた怒り ☛鈴木一平 ✍長野洋 ☆ドック
420	1980	8/22	あなたは早瀬婦警を妻としますか ☛鈴木一平 ✍柏原寛司 ☆ロッキー
421	1980	8/29	ドックとスニーカー ☛竹林進 ✍小川英、古内一成 ☆ドック スニーカー
422	1980	9/5	令子、俺を思い出せ!! ☛竹林進 ✍小川英、尾西兼一 ☆ロッキー
423	1980	9/12	心優しき戦士たち ☛山本迪夫 ✍小川英、君塚良1 ☆長さん
424	1980	9/19	拳銃を追え！ ☛山本迪夫 ✍小川英、尾西兼一 ☆スコッチ
425	1980	9/26	愛の詩-島刑事に捧ぐ ☛高瀬昌弘 ✍小川英、古内一成 ☆ゴリ
426	1980	10/3	愛の終曲 ☛高瀬昌弘 ✍小川英、尾西兼一 ☆スニーカー
427	1980	10/10	小さな目撃者 ☛山本迪夫 ✍長野洋 ☆ボス
428	1980	10/17	ドック対ドッグ ☛山本迪夫 ✍小川英、四十物光男 ☆ドック
429	1980	10/24	不良少年 ☛鈴木一平 ✍小川英、尾西兼一 ☆ロッキー
430	1980	10/31	東京大追跡 ☛鈴木一平 ✍小川英、四十物光男 ☆スニーカー
431	1980	11/7	誰が彼を殺したか ☛山本迪夫 ✍小川英、古内一成 ☆スコッチ
432	1980	11/14	スリ学入門 ☛山本迪夫 ✍小川英、古内一成 ☆ドック
433	1980	11/21	金髪のジェニー ☛高瀬昌弘 ✍柏原寛司 ☆ゴリ
434	1980	11/28	ある誘拐 ☛高瀬昌弘 ✍小川英、君塚良1 ☆長さん
435	1980	12/5	スター ☛鈴木一平 ✍小川英、尾西兼一 ☆スニーカー
436	1980	12/12	父親 ☛鈴木一平 ✍長野洋 ☆ドック
437	1980	12/19	ニセモノ・ほんもの ☛斎藤光正 ✍小川英、四十物光男 ☆スコッチ
438	1980	12/26	取調室 ☛斎藤光正 ✍峯尾基三 ☆山さん
439	1981	1/9	ボスの告発 ☛山本迪夫 ✍小川英、古内一成 ☆ボス
440	1981	1/16	強き者よ、その名は… ☛山本迪夫 ✍小川英、尾西兼一 ☆ロッキー
441	1981	1/23	カーテン ☛鈴木一平 ✍小川英、古内一成 ☆ゴリ
442	1981	1/30	引金に指はかけない ☛鈴木一平 ✍小川英、土屋斗紀雄 ☆スニーカー
443	1981	2/6	あなたは一億円欲しくありませんか ☛山本迪夫 ✍小川英、尾西兼一 ☆スコッチ
444	1981	2/13	ドック刑事のシアワセな日 ☛山本迪夫 ✍長野洋 ☆ドック
445	1981	2/20	人質を返せ！ ☛鈴木一平 ✍峯尾基三 ☆ゴリ
446	1981	2/27	光る紙幣 ☛鈴木一平 ✍小川英、四十物光男 ☆山さん
447	1981	3/6	侵入者 ☛澤田幸弘 ✍小川英、尾西兼一 ☆ロッキー
448	1981	3/13	風船爆弾 ☛澤田幸弘 ✍古内一成、小川英 ☆スニーカー

449	1981	3/20	ドック刑事、雪山に舞う　☛鈴木一平　✍長野洋　☆ドック
450	1981	3/27	ドック刑事、雪山に斗う　☛鈴木一平　✍長野洋　☆ドック
451	1981	4/3	ゴリ、勝負一発！　☛木下亮　✍小川英、四十物光男　☆ゴリ
452	1981	4/10	山さんがボスを撃つ!?　☛山本迪夫　✍小川英、加藤宏美　☆ボス　山さん
453	1981	4/17	俺を撃て！山さん　☛山本迪夫　✍小川英、尾西兼一　☆ボス　山さん
454	1981	4/24	スコッチ、市民を撃つ　☛木下亮　✍古内一成、小川英　☆スコッチ
455	1981	5/1	死ぬなスニーカー　☛竹林進　✍高際和雄　☆スニーカー
456	1981	5/8	ボス、俺が行きます！　☛竹林進　✍長野洋　☆ゴリ
457	1981	5/15	長さんが刑事を辞めたくなった　☛鈴木一平　✍小川英、亜土久　☆長さん
458	1981	5/22	おやじの海　☛鈴木一平　✍小川英、古内一成　☆ロッキー
459	1981	5/29	サギ師入門　☛山本迪夫　✍古内一成、小川英　☆ドック
460	1981	6/5	スニーカーよ、どこへゆく　☛山本迪夫　✍尾西兼一、小川英　☆スニーカー
461	1981	6/12	ドックのつぶやき　☛竹林進　✍高際和雄、小川英　☆ドック
462	1981	6/19	あなたにその声が聞こえるか　☛竹林進　✍小川英、尾西兼一　☆ゴリ
463	1981	6/26	六月の鯉のぼり　☛山本迪夫　✍小川英、四十物光男　☆長さん　ドック
464	1981	7/3	我がいとしき子よ　☛山本迪夫　✍塩田千種、小川英　☆ロッキー
465	1981	7/10	裏の裏　☛竹林進　✍古内一成、小川英　☆ドック
466	1981	7/17	ひとりぼっちの死　☛竹林進　✍小川英、尾西兼一　☆ゴリ
467	1981	7/24	スコッチ非情　☛鈴木一平　✍長野洋　☆スコッチ
468	1981	7/31	殴られたスニーカー　☛鈴木一平　✍古内一成、小川英　☆スニーカー
469	1981	8/7	東京・鹿児島・大捜査線　☛山本迪夫　✍小川英、四十物光男　☆チーム
470	1981	8/14	鹿児島・東京・大捜査線　☛山本迪夫　✍四十物光男、小川英　☆チーム
471	1981	8/21	山さんに任せろ！　☛竹林進　✍長野洋　☆山さん
472	1981	8/28	鮫やんの大暴走　☛竹林進　✍畑嶺明　☆ドック
473	1981	9/4	ダーティなゴリ　☛鈴木一平　✍小川英、尾西兼一　☆ゴリ
474	1981	9/11	ロボは知っていた　☛鈴木一平　✍古内一成、小川英　☆スコッチ
475	1981	9/18	さらば！スニーカー　☛山本迪夫　✍小川英、四十物光男　☆スニーカー
476	1981	9/25	ラガー刑事登場　☛山本迪夫　✍長野洋　☆ラガー
477	1981	10/2	俺は誘拐犯だ！　☛木下亮　✍小川英、古内一成　☆ラガー
478	1981	10/9	汚れた警察　☛木下亮　✍峯尾基三　☆ゴリ
479	1981	10/16	怒りのラガー　☛竹林進　✍畑嶺明、小川英　☆ラガー
480	1981	10/23	年月　☛竹林進　✍小川英、尾西兼一　☆山さん
481	1981	10/30	闇の中の殺人者　☛鈴木一平　✍小川英、古内一成　☆ロッキー
482	1981	11/6	ラッサ熱　☛鈴木一平　✍小川英、土屋斗紀雄　☆ラガー
483	1981	11/13	落し穴　☛山本迪夫　✍長野洋　☆ドック
484	1981	11/20	青ひげ　☛山本迪夫　✍小川英、四十物光男　☆ゴリ
485	1981	11/27	ウサギとカメ　☛竹林進　✍小川英、尾西兼一　☆長さん
486	1981	12/4	赤い財布　☛竹林進　✍亜槍文代、小川英　☆ラガー
487	1981	12/11	ケガの功名　☛鈴木一平　✍鴨井達比古、小川英　☆ラガー
488	1981	12/18	過去　☛鈴木一平　✍小川英、田部俊行　☆ロッキー
489	1981	12/25	帰って来たボス-クリスマスプレゼント　☛竹林進　✍小川英、古内一成　☆ボス　チーム
490	1982	1/8	われらがボス　☛竹林進　✍小川英、尾西兼一　☆ボス　チーム
491	1982	1/15	ドックのうわごと　☛児玉進　✍奥村俊雄、小川英　☆ドック
492	1982	1/22	傷だらけの勲章　☛児玉進　✍小川英、四十物光男　☆ラガー
493	1982	1/29	スコッチよ静かに眠れ　☛竹林進　✍長野洋　☆スコッチ

494	1982	2/5	ジプシー刑事登場！ ☛竹林進 ✍小川英、古内一成 ☆ジプシー
495	1982	2/12	意地ッ張り ☛鈴木一平 ✍長野洋 ☆ドック
496	1982	2/19	ジプシーとラガー ☛鈴木一平 ✍小川英、尾西兼一 ☆ジプシー ラガー
497	1982	2/26	ゴリさんが拳銃を撃てなくなった ☛櫻井一孝 ✍小川英、古内一成 ☆ゴリ
498	1982	3/5	600秒の賭け ☛櫻井一孝 ✍峯尾基三 ☆ロッキー
499	1982	3/12	こわれた時計 ☛児玉進 ✍小川英、尾西兼一 長さん ☆ナーコ
500	1982	3/19	不屈の男たち ☛竹林進 ✍長野洋 ☆チーム
501	1982	3/26	ある巡査の死 ☛竹林進 ✍奥村俊雄、小川英 ☆ラガー
502	1982	4/2	癖 ☛児玉進 ✍亜槍文代、小川英 ☆ドック ロッキー
503	1982	4/9	山さんとラガー ☛山本迪夫 ✍小川英、四十物光男 ☆山さん ラガー
504	1982	4/23	バイオレンス ☛山本迪夫 ✍小川英、尾西兼一 ☆ゴリ
505	1982	4/30	ジプシーの涙 ☛竹林進 ✍小川英、古内一成 ☆ジプシー
506	1982	5/7	消えたロッキー ☛竹林進 ✍奥村俊雄、小川英 ☆ロッキー
507	1982	5/14	この街で— ☛高瀬昌弘 ✍小川英、尾西兼一 ☆ラガー
508	1982	5/21	ドックと天使 ☛高瀬昌弘 ✍小川英、大川俊道 ☆ドック
509	1982	5/28	列車の中の女 ☛山本迪夫 ✍小川英、尾西兼一 ☆長さん
510	1982	6/4	ラガーの大追跡 ☛山本迪夫 ✍小川英、古内一成 ☆ラガー
511	1982	6/18	爆発！ロッキー刑事 ☛櫻井一孝 ✍小川英、古内一成 ☆ロッキー
512	1982	6/25	婚約者の死 ☛竹林進 ✍峯尾基三 ☆ゴリ
513	1982	7/2	真相は…？ ☛竹林進 ✍長野洋 ☆ボス
514	1982	7/9	ドックの苦手 ☛櫻井一孝 ✍小川英、尾西兼一 ☆ドック
515	1982	7/16	生いたち ☛山本迪夫 ✍奥村俊雄、小川英 ☆ジプシー
516	1982	7/23	白いスーツの女 ☛山本迪夫 ✍小川英、斉藤猛 ☆長さん
517	1982	7/30	落書き ☛竹林進 ✍小川英、四十物光男 ☆山さん
518	1982	8/6	忘れていたもの ☛竹林進 ✍柏原寛司、小川英 ☆ロッキー
519	1982	8/20	岩城刑事、ロッキーにて殉職 ☛山本迪夫 ✍小川英、古内一成 ☆ロッキー
520	1982	8/27	野崎刑事、カナダにて最後の激走 ☛山本迪夫 ✍小川英、尾西兼一 ☆長さん
521	1982	9/3	ボギー刑事登場！ ☛竹林進 ✍長野洋 ☆ボギー
522	1982	9/10	ドックとボギー ☛竹林進 ✍小川英、古内一成 ドック ☆ボギー
523	1982	9/17	ゴリさん、死の対決 ☛鈴木一平 ✍小川英、四十物光男 ☆ゴリ
524	1982	9/24	ラガーのラブレター ☛鈴木一平 ✍小川英、大川俊道 ☆ラガー
525	1982	10/1	石塚刑事殉職 ☛竹林進 ✍小川英、長野洋 ☆ゴリ
526	1982	10/8	井川刑事着任！ ☛山本迪夫 ✍小川英、古内一成 ☆トシさん
527	1982	10/15	雨の降る街 ☛山本迪夫 ✍小川英、尾西兼一 ☆ジプシー
528	1982	10/22	真夜中のラガー ☛鈴木一平 ✍小川英、大川俊道 ☆ラガー
529	1982	10/29	山さんの危険な賭け ☛鈴木一平 ✍古内一成、小川英 ☆山さん
530	1982	11/5	検問突破 ☛高瀬昌弘 ✍柏原寛司、小川英 ☆ボギー
531	1982	11/12	マグナム・44 ☛高瀬昌弘 ✍小川英、四十物光男 ☆ドック
532	1982	11/19	バラの刺青 ☛竹林進 ✍小川英、尾西兼一 ☆トシさん
533	1982	11/26	後輩 ☛竹林進 ✍小川英、古内一成 ☆ボギー
534	1982	12/3	俺の拳銃が無い！ ☛山本迪夫 ✍小川英、尾西兼一 ☆ラガー
535	1982	12/10	ボギーのいちばん長い日 ☛山本迪夫 ✍小川英、大川俊道 ☆ボギー
536	1982	12/17	死因 ☛竹林進 ✍小川英、奥村俊雄 ☆ドック
537	1982	12/24	赤い憎悪 ☛鈴木一平 ✍小川英、桃井章 ☆ジプシー
538	1983	1/7	七曲署、1983 ☛竹林進 ✍長野洋 ☆ボス

539	1983	1/14	襲撃　☛鈴木一平　✍尾西兼一、小川英　☆トシさん
540	1983	1/21	北の女　☛山本迪夫　✍小川英、尾西兼一　☆ラガー
541	1983	1/28	からくり　☛山本迪夫　✍峯尾基三　☆ドック
542	1983	2/4	芝浜　☛鈴木一平　✍小川英、古内一成　☆山さん
543	1983	2/11	すりへった靴　☛鈴木一平　✍金子裕　☆トシさん
544	1983	2/18	屈辱　☛堀内泰治　✍小川英、尾西兼一　☆ボギー
545	1983	2/25	さらば！ジプシー　☛堀内泰治　✍古内一成、小川英　☆ジプシー
546	1983	3/4	マミー刑事登場！　☛山本迪夫　✍小川英、尾西兼一　☆マミー
547	1983	3/11	ドックの恋愛術　☛山本迪夫　✍小川英、大川俊道　☆ドック
548	1983	3/18	金曜日に会いましょう　☛鈴木一平　✍小川英、亜槍文代　☆ラガー
549	1983	3/25	ボギーとマミー　☛鈴木一平　✍金子裕　☆ボギー　マミー
550	1983	4/1	俺はプロだ！　☛澤田幸弘　✍小川英、塩田千種　☆トシさん
551	1983	4/8	すご腕ボギー　☛澤田幸弘　✍小川英、大川俊道　☆ボギー
552	1983	4/15	或る誤解　☛櫻井一孝　✍長野洋　☆山さん
553	1983	4/22	ドックとマミー　☛櫻井一孝　✍小川英、古内一成　☆ドック　マミー
554	1983	4/29	シルバー・シート　☛高瀬昌弘　✍小川英、尾西兼一　☆ラガー
555	1983	5/6	一枚の絵　☛高瀬昌弘　✍小川英、古内一成　☆トシさん
556	1983	5/13	南国土佐・黒の推理　☛山本迪夫　✍小川英、古内一成　☆チーム
557	1983	5/20	南国土佐・黒の証明　☛山本迪夫　✍小川英、古内一成　☆チーム
558	1983	5/27	疾走 24 時間　☛鈴木一平　✍小川英、大川俊道　☆ボギー
559	1983	6/10	マザーグース　☛鈴木一平　✍小川英、尾西兼一　☆マミー
560	1983	6/24	愛される警察　☛木下亮　✍長野洋　☆ラガー
561	1983	7/8	12年目の真実　☛木下亮　✍小川英、亜槍文代　☆ドック
562	1983	7/15	ブルース刑事登場！　☛山本迪夫　✍小川英、古内一成　☆ブルース
563	1983	7/22	たすけて！　☛山本迪夫　✍小川英、亜槍文代　☆ラガー　ブルース
564	1983	7/29	夏の別れ　☛堀内泰治　✍小川英、古内一成　☆山さん
565	1983	8/5	正義に拳銃を向けた男　☛堀内泰治　✍小川英、大川俊道　☆ブルース
566	1983	8/12	あいつが　☛鈴木一平　✍小川英、尾西兼一　☆マミー
567	1983	8/19	純情よ、どこへゆく　☛鈴木一平　✍小川英、尾西兼一　☆ドック　ボギー
568	1983	9/2	悲しい汗　☛山本迪夫　✍長野洋　☆トシさん
569	1983	9/16	ホームラン　☛山本迪夫　✍小川英、古内一成　☆ボギー
570	1983	9/30	遠い想い出　☛堀内泰治　✍小川英、尾西兼一　☆ラガー
571	1983	10/7	誘拐　☛山本迪夫　✍小川英、古内一成　☆チーム
572	1983	10/14	青い鳥　☛堀内泰治　✍小川英、亜槍文代　☆ブルース
573	1983	10/21	父と子の写真　☛高瀬昌弘　✍金子裕　☆トシさん
574	1983	10/28	冒険の海　☛高瀬昌弘　✍大川俊道、小川英　☆ドック
575	1983	11/4	向い風　☛堀内泰治　✍亜槍文代、小川英　☆マミー
576	1983	11/11	刑事・山さん　☛堀内泰治　小✍川英、尾西兼一　☆山さん　ブルース
577	1983	11/18	探偵ゲーム　☛山本迪夫　✍金子裕　☆ボギー
578	1983	11/25	一係皆殺し！　☛山本迪夫　✍古内一成、小川英　☆ブルース
579	1983	12/2	鳩の舞う街　☛櫻井一孝　✍古内一成、小川英　☆ラガー
580	1983	12/9	名人　櫻☛井一孝　✍長野洋　☆ドック
581	1983	12/16	逃げない男　☛鈴木一平　✍小川英、尾西兼一　☆トシさん　ブルース
582	1983	12/23	犯罪ツアー　☛鈴木一平　✍小川英、大川俊道　☆ブルース
583	1983	12/30	３人の未亡人　☛澤田幸弘　✍長野洋　☆マミー

584	1984	1/6	盗聴 ☛櫻井一孝 小✍川英、大川俊道 ☆ラガー
585	1984	1/13	ボギー名推理 ☛櫻井一孝 ✍小川英、尾西兼一 ☆ボギー
586	1984	1/20	生と死の賭け ☛澤田幸弘 ✍小川英、古内一成 ☆ブルース
587	1984	1/27	殺人広告 ☛鈴木一平 ✍小川英、尾西兼一、桃井章 ☆トシさん
588	1984	2/3	夏子という女 ☛鈴木一平 ✍小川英、尾西兼一 ☆マミー
589	1984	2/10	共謀 ☛高瀬昌弘 ✍長野洋 ☆山さん
590	1984	2/17	怪盗107号 ☛高瀬昌弘✍ 小川英、金子裕 ☆ドック
591	1984	2/24	ボギーの妹？ ☛高瀬昌弘 ✍古内一成、小川英 ☆ボギー
592	1984	3/2	空白0.5秒 ☛児玉進 ✍古内一成、小川英 ☆ラガー
593	1984	3/9	ジプシー再び ☛児玉進 ✍小川英、古内一成 ☆ボギー
594	1984	3/16	十年目の誘拐 ☛堀内泰治 ✍金子裕 ☆トシさん
595	1984	3/23	マミー激走！ ☛堀内泰治 ✍大川俊道、小川英 ☆マミー
596	1984	3/30	戦士よ翔べ！ ☛澤田幸弘 ✍小川英、四十物光男 ☆ボギー
597	1984	4/6	戦士よさらば・ボギー最後の日 ☛澤田幸弘 ✍小川英、尾西兼一 ☆ボギー
598	1984	4/13	戦士よ眠れ・新たなる闘い ☛鈴木一平 ✍古内一成、小川英 ☆チーム
599	1984	4/27	殺人犯ラガー ☛鈴木一平 ✍長野洋 ☆ラガー
600	1984	5/4	七曲署事件NO.600 ☛高瀬昌弘 ✍小川英、四十物光男 ☆ブルース
601	1984	5/11	アイドル ☛高瀬昌弘 ✍小川英、大川俊道 ☆トシさん
602	1984	5/18	誰かが私を狙ってる ☛山本迪夫 ✍長野洋 ☆マミー
603	1984	5/25	陽炎の街 ☛山本迪夫 ✍古内一成、小川英 ☆ドック
604	1984	6/8	戦場のブルース ☛木下亮 ✍尾西兼一、小川英 ☆ブルース
605	1984	6/15	離婚 ☛木下亮 ✍金子裕 ☆トシさん
606	1984	6/22	マミーの挑戦 ☛堀内泰治 ✍亜槍文代、小川英 ☆マミー
607	1984	7/6	狼を追え！ ☛堀内泰治 ✍小川英、四十物光男 ☆ドック
608	1984	7/20	パリに消ゆ ☛鈴木一平 ✍古内一成、小川英 ☆チーム
609	1984	7/27	モンブラン遥か ☛鈴木一平 ✍尾西兼一、小川英 ☆チーム
610	1984	8/3	38時間 ☛山本迪夫 ✍長野洋 ☆山さん
611	1984	8/17	無口な男 ☛山本迪夫 ✍小川英、大川俊道 ☆ブルース
612	1984	8/24	怒れる狙撃者 ☛山本迪夫 ✍金子裕 ☆マミー
613	1984	8/31	ヘッドハンター ☛山本迪夫 ✍小川英、四十物光男 ☆トシさん
614	1984	9/7	17才 ☛高瀬昌弘 ✍古内一成、小川英 ☆ドック
615	1984	9/14	相棒 ☛高瀬昌弘 ✍大川俊道、小川英 ☆ブルース
616	1984	9/21	カエルの子 ☛鈴木一平 ✍金子裕 ☆トシさん
617	1984	9/28	ゴリさん、見ていてください ☛堀内泰治 ✍長野洋 ☆ブルース
618	1984	10/5	コンピュータ計画 ☛山本迪夫 ✍古内一成、小川英 ☆チーム
619	1984	10/12	犯人の顔 ☛堀内泰治 ✍亜槍文代、小川英 ☆ラガー
620	1984	10/19	素晴らしき人生 ☛鈴木一平 ✍小川英、尾西兼一 ☆山さん
621	1984	10/26	決闘 ☛櫻井一孝 ✍四十物光男、小川英 ☆ドック
622	1984	11/2	ブルースの賞金稼ぎ ☛櫻井一孝 ✍大川俊道、小川英 ☆ブルース
623	1984	11/9	マイコン刑事登場！ ☛木下亮 ✍長野洋、小川英 ☆マイコン
624	1984	11/16	張り込み ☛木下亮 ✍小川英、古内一成 ☆トシさん マイコン
625	1984	11/23	４色の電車 ☛山本迪夫 ✍古内一成、小川英 ☆ドック
626	1984	11/30	激走・大雪渓 ☛山本迪夫 ✍小川英、尾西兼一、ケニー門谷 ブ☆ルース マイコン
627	1984	12/7	感謝状 ☛鈴木一平 ✍小川英、鬼塚幸1 ☆ラガー
628	1984	12/14	ヒーローになれなかった刑事 ☛鈴木一平 ✍小川英、丸岡ひさし ☆マイコン

629	1984	12/21	ドリーム ☛木下亮 ✍小川英、大川俊道 ☆マイコン
630	1984	12/28	必死のマミー ☛木下亮 ✍柏原寛司 ☆マミー
631	1985	1/4	ロックとブルース ☛山本迪夫 ✍小川英、尾西兼一 ☆ブルース
632	1985	1/11	恐ろしい ☛山本迪夫 ✍小川英、蔵元34郎 ☆トシさん
633	1985	1/18	ホスピタル ☛鈴木一平 ✍古内一成、小川英 ☆ドック
634	1985	1/25	パブロフの犬 ☛鈴木一平 ✍金子裕 ☆マイコン
635	1985	2/1	いい加減な女 ☛澤田幸弘 ✍小川英、山中茉莉 ☆ブルース
636	1985	2/8	ラガー倒れる ☛澤田幸弘 ✍大川俊道、小川英 ☆ラガー
637	1985	2/15	模擬試験 ☛高瀬昌弘 ✍峯尾基三 ☆ドック
638	1985	2/22	危険なふたり ☛高瀬昌弘 ✍尾西兼一、小川英 ☆マイコン
639	1985	3/1	春なのに… ☛鈴木一平 ✍古内一成 ☆マミー
640	1985	3/8	妻への疑惑 ☛鈴木一平 ✍金子裕 ☆トシさん
641	1985	3/15	二度死んだ女 ☛山本迪夫 ✍小川英、尾西兼一 ☆山さん
642	1985	3/22	ハワイアン・コネクション ☛山本迪夫 ✍柏原寛司 ☆ドック
643	1985	3/29	走れブルース ☛山本迪夫 ✍大川俊道、小川英 ☆ブルース
644	1985	4/5	七曲署全員集合・狙われたコンピューター ☛木下亮 ✍小川英、古内一成 ☆全員
645	1985	4/12	ラガーの華麗なプレー ☛高瀬昌弘 ✍小川英、四十物光男 ☆ラガー
646	1985	4/19	うそ ☛高瀬昌弘 ✍金子裕 ☆マミー
647	1985	5/3	護送車強奪 ☛鈴木一平 ✍柏原寛司 ☆ブルース
648	1985	5/10	検視官ドック ☛鈴木一平 ✍古内一成 ☆ドック
649	1985	5/17	ラストダンス ☛児玉進 ✍小川英、尾西兼一 ☆トシさん
650	1985	5/24	山村刑事左遷命令 ☛児玉進 ✍長野洋 ☆山さん
651	1985	6/7	号泣 ☛高瀬昌弘 ✍小川英、尾西兼一 ☆渡辺
652	1985	6/14	相続ゲーム ☛高瀬昌弘 ✍小川英、亜槍文代 ☆ドック
653	1985	6/21	一枚のシール ☛山本迪夫 ✍小川英、大川俊道 ☆マミー
654	1985	6/28	二度泣いた男 ☛山本迪夫 ✍小川英、丸岡ひさし ☆トシさん
655	1985	7/5	左ききのラガー ☛鈴木一平 ✍古内一成 ☆ラガー
656	1985	7/19	いじめ ☛鈴木一平 ✍小川英、鬼塚幸1 ☆ブルース マイコン
657	1985	7/26	ドックの敵は白バイ？ ☛山本迪夫 ✍小川英、大川俊道 ☆ドック
658	1985	8/2	ラガーよ俺たちはお前がなぜ死んだか知っている ☛山本迪夫 ✍古内一成、小川英 ☆ラガー
659	1985	8/16	夏の光 ☛鈴木一平 ✍小川英、尾西兼一 ☆ブルース
660	1985	8/23	デューク刑事登場！ ☛木下亮 ✍長野洋 ☆デューク
661	1985	8/30	マミーが怒った ☛木下亮 ✍小川英、大川俊道 ☆マミー
662	1985	9/6	制服よさらば ☛高瀬昌弘 ✍金子裕、小川英 ☆山さん
663	1985	9/13	9月13日1970年 ☛高瀬昌弘 ✍古内一成、小川英 ☆トシさん
664	1985	9/20	マイコンがトシさんを撃った ☛鈴木一平 ✍小川英、富岡恵美子 ☆マイコン
665	1985	10/4	殉職刑事たちよ、やすらかに ☛山本迪夫 ✍小川英、蔵元三四郎 ☆全員
666	1985	10/11	父親ブルース ☛高瀬昌弘 ✍金子裕 ☆ブルース
667	1985	10/18	デュークという名の刑事 ☛高瀬昌弘 ✍小川英、尾西兼一 ☆デューク
668	1985	10/25	絆 ☛鈴木一平 ✍小川英、尾西兼一 ☆マミー
669	1985	11/1	刑事にだって秘密はある！ ☛鈴木一平 ✍大川俊道、小川英 ☆マイコン
670	1985	11/8	ドック潜入！泥棒株式会社 ☛高瀬昌弘 ✍古内一成、小川英 ☆ドック
671	1985	11/15	野獣 ☛高瀬昌弘 ✍柏原寛司、小川英 ☆トシさん
672	1985	11/22	再会の時 ☛山本迪夫 ✍小川英、尾西兼一 ☆デューク
673	1985	11/29	狼の挽歌 ☛山本迪夫 ✍小川英、大川俊道 ☆ブルース

674	1985	12/6	友よ、君が犯人なのか！ ☛鈴木一平 ✍古内一成 ☆マイコン
675	1985	12/13	死にゆく女のために ☛鈴木一平 ✍柏原寛司 ☆マミー
676	1985	12/20	地図にない道 ☛高瀬昌弘 ✍尾西兼一、小川英 ☆山さん
677	1985	12/27	あなたを告訴する！ ☛高瀬昌弘 ✍小川英、北川哲史 ☆デューク
678	1986	1/3	山村刑事の報酬なき戦い ☛山本迪夫 ✍古内一成、大川俊道、小川英 ☆山さん
679	1986	1/10	ホラ吹きの街 ☛高瀬昌弘 ✍大川俊道、小川英 ☆ドック
680	1986	1/17	陽ざしの中を ☛澤田幸弘 ✍尾西兼一、小川英 ☆マイコン
681	1986	1/24	それでも貴女は女なの！ ☛澤田幸弘 ✍小川英、蔵元三四郎 ☆マミー
682	1986	1/31	揺れる生命 ☛鈴木一平 ✍小川英、山田貴美子 ☆ブルース
683	1986	2/7	獲物は狩人を誘う ☛鈴木一平 ✍柏原寛司 ☆ドック
684	1986	2/14	美しき花の誘惑 ☛高瀬昌弘 ✍小川英、鴨井達比古 ☆トシさん
685	1986	2/21	ロッキーの白いハンカチ ☛高瀬昌弘 ✍小川英、尾西兼一 ☆マミー
686	1986	2/28	俺の相棒 ☛鈴木一平 ✍大川俊道、小川英 ☆ブルース
687	1986	3/7	男と女の関係 ☛鈴木一平 ✍古内一成、小川英 ☆山さん
688	1986	3/14	ホノルル・大誘拐 ☛山本迪夫 ✍小川英、大川俊道 ☆全員
689	1986	3/21	キラウェア・大追跡 ☛山本迪夫 ✍小川英、大川俊道 ☆全員
690	1986	3/28	私が七曲署の藤堂だ ☛山本迪夫 ✍古内一成 ☆トシさん
691	1986	4/11	さらば！山村刑事 ☛高瀬昌弘 ✍古内一成、小川英 ☆山さん
692	1986	4/25	捜査に手を出すな！ ☛鈴木一平 ✍尾西兼一、小川英 ☆デューク
693	1986	5/2	わが子へ！ ☛鈴木一平 ✍金子裕 ☆トシさん
694	1986	5/9	出口のない迷路 ☛鈴木一平 ✍四十物光男、小川英 ☆ドック
695	1986	5/16	赤いドレスの女 ☛山本迪夫 ✍大川俊道、小川英 ☆マイコン
696	1986	5/23	正面18度 ☛山本迪夫 ✍古内一成、小川英 ☆ブルース
697	1986	5/30	マミーを怒らせた少年 ☛山本迪夫 ✍柏原寛司 ☆マミー
698	1986	6/6	淋しさの向う側 ☛手銭弘喜 ✍小川英、今野いず美 ☆デューク
699	1986	6/13	優しさごっこ ☛手銭弘喜 ✍尾西兼一、小川英 ☆ドック
700	1986	6/20	ベイビーブルース ☛鈴木一平 ✍金子裕 ☆ブルース
701	1986	6/27	ヒロイン ☛鈴木一平 ✍尾西兼一、小川英 ☆トシさん
702	1986	7/4	教室 ☛高瀬昌弘 ✍小川英、長田澄江 ☆マミー
703	1986	7/18	加奈子 ☛高瀬昌弘 ✍古内一成 ☆デューク
704	1986	7/25	未亡人は十八才 ☛手銭弘喜 ✍大川俊道、小川英 ☆マイコン
705	1986	8/1	一億五千万円 ☛手銭弘喜 ✍小川英、高橋功 ☆ブルース
706	1986	8/8	ボス！任せてください ☛鈴木一平 ✍小川英、尾西兼一 警部 ☆DJ
707	1986	8/15	いつか見た、青い空 ☛鈴木一平 ✍金子裕 ☆トシさん
708	1986	8/29	撃て！愛を ☛高瀬昌弘 ✍古内一成、小川英 ☆DJ
709	1986	9/5	タイムリミット・午前六時 ☛高瀬昌弘 ✍柏原寛司 ☆ドック
710	1986	9/12	殺意との対決・橘警部 ☛手銭弘喜 ✍小川英、尾西兼一 ☆警部
711	1986	9/19	ジョーズ刑事の華麗な復活 ☛手銭弘喜 ✍小川英、四十物光男、大川俊道 ☆DJ
712	1986	10/3	小鳥のさえずり ☛鈴木一平 ✍小川英、蔵元三四郎 ☆マイコン
713	1986	10/10	エスパー少女・愛 ☛木下亮 ✍小川英、古内一成 ☆ドック ブルース
714	1986	10/17	赤ちゃん ☛鈴木一平 ✍小川英、尾西兼一 ☆マミー
715	1986	10/24	山さんからの伝言 ☛高瀬昌弘 ✍小川英、蔵元三四郎 ☆デューク
716	1986	10/31	マイコン、疾走また疾走 ☛高瀬昌弘 ✍大川俊道、小川英 ☆マイコン
717	1986	11/7	女たちはいま… ☛鈴木一平 ✍金子裕 ☆マミー
718	1986	11/14	そして又、ボスと共に ☛鈴木一平 ✍峯尾基三 ☆ボス 警部

沖雅也様の著作権継承者を探しております。連絡先に関する情報をお持ちの方は、小社までご一報ください（弊社ホームページ http://www.chikumashobo.co.jp/　電話03―5687―2693）。お力添えの程、何卒よろしくお願いいたします。

この作品は二〇〇三年九月に日本テレビ放送網より刊行されたものを文庫化にあたり増補加筆したものです。

幕末単身赴任
下級武士の食日記 増補版　青木直己

きな臭い世情なんてなんのその、単身赴任でやってきた勤番侍が幕末江戸の〈食〉を大満喫！　残された日記から当時の江戸のグルメと観光を紙上再現。

神国日本のトンデモ決戦生活　早川タダノリ

これが総力戦だ！　雑誌や広告を覆い尽くしたプロパガンダの数々が浮かび上がらせる戦時下日本のリアルな姿。関連図版をカラーで多数収録。

誰も調べなかった日本文化史　パオロ・マッツァリーノ

土下座のカジュアル化、先生という敬称の由来、全国紙一面の広告。――イタリア人(自称)戯作者が、資料と統計で発見した知られざる日本の姿。

建築探偵の冒険・東京篇　藤森照信

街を歩きまわり、古い建物、変わった建物を発見し調査する〝東京建築探偵団〟の主唱者による、建築をめぐる不思議で面白い話の数々。（山下洋輔）

鉄道エッセイコレクション　芦原伸編

本を携えて鉄道旅に出よう！　文豪、車掌、音楽家――、生粋の鉄道好き20人が愛を込めて書いた「鉄分100％」のエッセイ／短篇アンソロジー。

ヨーロッパぶらりぶらり　山下清

「パンツをはかない男の像はにが手」「人魚のおしりは人間か魚かわからない」。〝裸の大将〟の眼に映ったヨーロッパは？　細密画入り。（赤瀬川原平）

坂本九ものがたり　永六輔

名曲「上を向いて歩こう」の永六輔・中村八大・坂本九が歩んだ戦中戦後、そして3人が出会ったテレビ草創期。歌に託した思いとは。（佐藤剛）

日々談笑　小沢昭一

話芸の達人の、芸が詰まった一冊。柳家小三治と佐渡の芸能話、網野善彦と陰陽師や猿芝居の話、清川虹子と喜劇話……多士済々17人との対談集。

おかしな男　渥美清　小林信彦

芝居や映画をよく観る勉強家の彼と喜劇マニアのぼく。映画「男はつらいよ」の〈寅さん〉になる前の若き日の渥美清の姿を愛情こめて綴った人物伝。（中野翠）

ウルトラマン誕生　実相寺昭雄

オタク文化の最高峰、ウルトラマンが初めて放送されてから40年。創造の秘密に迫る。スタッフたちの心意気、撮影所の雰囲気をいきいきと描く。

整体入門　野口晴哉

日本の東洋医学を代表する著者による初心者向け野口整体のポイント。体の偏りを正す基本の「活元運動」から目的別の運動まで。（伊藤桂一）

風邪の効用　野口晴哉

風邪は自然の健康法である。風邪をうまく経過すれば体の偏りを修復できる。風邪を通して人間の心と体を見つめた、著者代表作。（伊藤桂一）

体癖　野口晴哉

整体の基礎的な体の見方、「体癖」とは？　人間の体をその構造や感受性の方向によって、12種類に分ける。それぞれの個性を活かす方法とは？（加藤尚宏）

整体から見る気と身体　片山洋次郎

「整体」は体の歪みの矯正ではなく、歪みを活かしてのびのびした体にする。老いや病はプラスにもなる。滔々と流れる生命観。よしもとばなな氏絶賛！

東洋医学セルフケア365日　長谷川淨潤

風邪、肩凝り、腹痛など体の不調を自分でケアできる方法満載。整体、ヨガ、自然療法等に基づく呼吸法、運動等で心身が変わる。索引付。必携！

身体能力を高める「和の所作」　安田登

なぜ能楽師は80歳になっても颯爽と舞うことができるのか？　「すり足」「新聞パンチ」等のワークで大腰筋を鍛え集中力をつける。（内田樹）

はじめての気功　天野泰司

気功をすると、心と体のゆとりができる。何かがふっと楽になる。のびのびとした活動で自ら健康を創る、はじめての人のための気功入門。（鎌田東二）

居ごこちのよい旅　松浦弥太郎　若木信吾写真

マンハッタン、ヒロ、バークレー、台北……匂いや気配で道を探し、自分だけの地図を描くように歩いてみよう。12の街への旅エッセイ。（若木信吾）

わたしが輝くオージャスの秘密　服部みれい　蓮村誠監修

インドの健康法アーユルヴェーダでオージャスとは生命エネルギーのこと。オージャスを増やして元気で魅力的な自分になろう。モテる！　願いが叶う！

あたらしい自分になる本　増補版　服部みれい

著者の代表作。心と体が生まれ変わる知恵の数々。文庫化にあたり新たな知恵を追加。冷えとり、アーユルヴェーダ、ホ・オポノポノetc.（辛酸なめ子）

味覚日乗　辰巳芳子

春夏秋冬、季節ごとの恵み香り立つ料理歳時記。日々のあたりまえの食事を、自らの手で生み出す喜びと呼吸を、名文章で綴る。（藤田千恵子）

諸国空想料理店　高山なおみ

注目の料理人の第一エッセイ集。世界各地で出会った料理をもとに空想力を発揮して作ったレシピ。よしもとばなな氏も絶賛。（南椌椌）

ちゃんと食べてる？　有元葉子

元気に豊かに生きるための料理とは？　食材や道具の選び方、おいしさを引き出すコツなど、著者の台所の哲学がぎゅっとつまった一冊。（高橋みどり）

買えない味　平松洋子

一晩寝かしたお芋の煮っころがし、土瓶で淹れた番茶、風にあてた干し豚の滋味……日常の中にこそある、おいしさを綴ったエッセイ集。（中島京子）

くいしんぼう　高橋みどり

高望みはしない。ゆでた野菜を盛るくらい。でもごはんはちゃんと炊く。料理する、食べる、それを繰り返す、読んでおいしい生活の基本。（高山なおみ）

昭和の洋食 平成のカフェ飯　阿古真理

小津安二郎『お茶漬の味』から漫画『きのう何食べた？』まで、家庭料理はどのように描かれてきたか。食と家族と社会の変化を読み解く。（上野千鶴子）

色を奏でる　志村ふくみ・文　井上隆雄・写真

色と糸と織——それぞれに思いを深めて織り続ける染織家にして人間国宝の著者の、エッセイと鮮かな写真が織りなす豊醇な世界。オールカラー。

なんたってドーナツ　早川茉莉編

貧しかった時代の手作りおやつ、日曜学校で出合った素敵なお菓子、毎朝宿泊客にドーナツを配るホテル、哲学させる穴……。文庫オリジナル。

玉子ふわふわ　早川茉莉編

国民的な食材の玉子、むきむきで抱きしめたい！　森茉莉、武田百合子、吉田健一、山本精一、宇江佐真理ら37人が綴る玉子にまつわる悲喜こもごも。

暮しの老いじたく　南和子

老いは突然、坂道を転げ落ちるようにやってくる。その時になってあわてないために今、何ができるか。道具選びや住居など、具体的な50の提案。

スタバではグランデを買え！　吉本佳生

身近な生活で接するものやサービスの価格を、やさしい経済学で読み解く。「取引コスト」という概念で学ぶ、消費者のための経済学入門。（西村喜良）

新宿駅最後の小さなお店ベルク　井野朋也

新宿駅15秒の個人カフェ「ベルク」。チェーン店にはない創意工夫に満ちた経営と美味さ。帯文＝奈良美智（柄谷行人／吉田戦車／押野見喜八郎）

味方をふやす技術　藤原和博

他人とのつながりがなければ、生きてゆけない。でも味方をふやすためには、嫌われる覚悟も必要だ。ほんとうに豊かな人間関係を築くために！

ほんとうの味方のつくりかた　松浦弥太郎

一人の力は小さいから、豊かな人生に〈味方〉の存在は欠かせません。若い君に贈る、大切な味方の見つけ方と育て方を教える人生の手引書。（水野仁輔）

増補 経済学という教養　稲葉振一郎

新古典派からマルクス経済学まで、知っておくべき経済学のエッセンスを分かりやすく解説。本書を読めば筋金入りの素人になれる⁉（小野善康）

町工場・スーパーなものづくり　小関智弘

宇宙衛星から携帯電話まで、現代の最先端技術を支えているのが町工場だ。そのものづくりの原点を、元旋盤工でもある著者がルポする。（中沢孝夫）

トランプ自伝　ドナルド・トランプ／トニー・シュウォーツ　相原真理子訳

一代で巨万の富を築いたアメリカの不動産王ドナルド・トランプが、その華麗なる取引の手法を赤裸々に明かす。（ロバート・キヨサキ）

英語に強くなる本　岩田一男

昭和を代表するベストセラー、待望の復刊。暗記やテクニックではなく本質を踏まえた学習法は今も新鮮なわかりやすさをお届けします。（晴山陽一）

英単語記憶術　岩田一男

単語を構成する語源を捉えることで、語の成り立ちを理解することを説き、丸暗記では得られない体系的な英単語習得を提案する50年前の名著復刊。

ポケットに外国語を　黒田龍之助

言葉への異常な愛情で、外国語本来の面白さを伝えるエッセイ集。ついでに外国語学習が、もっと楽しくなるヒントもつまっている。（堀江敏幸）

ちくま文庫

太陽《たいよう》にほえろ！伝説《でんせつ》

二〇二〇年二月十日　第一刷発行

著者　岡田晋吉（おかだ・ひろきち）
発行者　喜入冬子
発行所　株式会社　筑摩書房
東京都台東区蔵前二―五―三　〒一一一―八七五五
電話番号　〇三―五六八七―二六〇一（代表）

装幀者　安野光雅
印刷所　凸版印刷株式会社
製本所　凸版印刷株式会社

ISBN978-4-480-43633-7　C0174